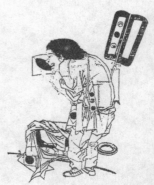

人体经络

使用手册

萧言生·著

东方出版社

图书在版编目（CIP）数据

人体经络使用手册／萧言生 著．北京：东方出版社，2007.2

ISBN 978-7-5060-2171-5

Ⅰ.人… Ⅱ.萧… Ⅲ.经络－手册 Ⅳ.R224.1-62

中国版本图书馆 CIP 数据核字（2007）第 020403 号

人 体 经 络 使 用 手 册

RENTI JINGLUO SHIYONG SHOUCE

著　　者：	萧言生
责任编辑：	高　楠
特约编辑：	马　松
文字编辑：	曹红凯
装帧设计：	中飞时代书装设计机构
出版发行：	东方出版社
社　　址：	北京朝阳门内大街 166 号
邮　　编：	100706
网　　址：	http://www.peoplepress.net
经　　销：	全国各地新华书店
印　　刷：	三河金元印装有限公司
开　　本：	787 毫米×1092 毫米　1/16
字　　数：	190 千字
印　　张：	18
版　　次：	2007 年 3 月第 2 版　2009 年 4 月第 16 次印刷
书　　号：	ISBN 978-7-5060-2171-5
定　　价：	29.00 元

出版说明

　　《国医健康绝学》是一套荟萃了中国各地保健名家多年来在防病养生方面实用经验的系列丛书。丛书全面、系统、深入浅出地阐述了人在不同年龄段的各类常见病和疑难杂症的预防之法，还告诉大家养生的根本在于要颐养人的"生长收藏"。

　　本套丛书的作者或是盛名在外、经年累月奋战在教学、科研、临床第一线的名师专家，或是得其家学和先师精髓并将其发扬光大的良医，或是久病成医后的中医大修之人，或是遍尝百草之后以颐养身心为乐的通达之士。虽然自古"道不轻传，医不扣门"，但是他们却毫不吝惜自己的养生防病绝学高技，以普渡世人的心苦身病为己任，以惠泽众生的快乐健康为大荣。

　　《国医健康绝学》系列丛书的出版，是本着积极预防疾病、提早化解潜藏在人体的隐患、把疾病消灭在萌芽状态的宗旨，希望大家能更多地关注健康，关注养生，而不是只仅仅关注疾病。我们建议，如果自身的情况不是"未病"状态，而是急病、重病或迁延不愈的痼疾，那么这时候还需要大家及时去医院求诊问治，接受常规治疗。"急病上医院，未病自己防"，如此，才能及时并全方位地保证自己的健康，这正是本丛书一直提倡的科学、理性的生活态度。

　　我们衷心欢迎各界有志于振兴中华传统医学养生的仁人志士和广大读者积极为本丛书提出宝贵意见和建议，以期携手为中国老百姓的健康贡献绵薄之力。

　　　　　　　　　　　　　　　　　　　　　　　《国医健康绝学》系列丛书编辑部

【目录】

序 经络是人体的金矿

　　中国传统文化的精髓根基是道，是阴阳，是周易八卦；枝和叶则是中医、军事、政治、外交、人伦、内外气功的修炼等。而中医无疑就是这其中最具特色的了。如果说中医是传统文化中的国粹，那经络和穴位堪称人体内的金矿脉，渴望健康长生的人们一直在挖掘不止。从古至今，经络穴位对人体健康的伟大作用一直让人感觉既神秘又神往。

　　从中国古代大医学家对经络的论述中，我们知道了"一切疾病产生的根本原因就是身体里有关经络的失控"，所以，人的一切疾病都可以叫做"经络病"，而通过激发经络的潜能，使其恢复调控、修复人体的治疗作用就叫"经络治"，它产生的预防作用就叫"经络防"。

　　经络的作用不仅仅是治疗已经发生的疾病，更重要的是治"未病"！"未病"就是尚未成形，正在发展中的疾病，如果在疾病未成形的时候拿掉它，不是轻而易举的事吗？如果等其成形了，甚至等它牢不可破了，再想拿掉它，那就不容易了，那就会吃力不讨好（《思考中医》作者刘力红语）。

总之，人们可以通过针灸、推拿等很多简单、方便、省时的方式来刺激经络和穴位，从而保持人体各个脏腑功能的平衡、和谐，使气血畅通，身心团结，从而提高我们对外来疾病的战斗力。

现在，很多人都想了解中医文化和人身体内的"国粹"到底是什么。为了让这些"国粹"更好地发挥护命、养生作用，我把自己数十年来对经络的所学所悟奉献给大家。有一点请大家牢记，其实，疾病并不是我们的敌人，我们应该在生命的美好之旅中学会与它携手共处，而健康随时都应该是这种和谐下的快乐。达到这一切并不难，只要你拥有了正确使用人体经络的方法，然后身体力行，微笑着坚持下去，你就会欣喜地发现自己的身体坚不可摧。

第一章

命要活得长，全靠经络养

说到经络，就要先谈谈《黄帝内经》。因为这本 2500 年前的古书，被从古至今的中医奉为圭臬。它里面不仅包括了人体的生理、病理，疾病的诊断、治疗以及防病保健，还涉及天文、地理、哲学，可以说是一部东方的"人体健康圣经"。其实，中国古代并没有明确的分科，所有学问都是互通有无、互为一体的。中医作为与人性命息息相关的一门学科，毫无疑问也融入了哲学、天文、地理等各方面的精华。

首先，从哲学上说，中医把人本身看做一个整体，而不是单个的大脑、心脏、肾……，中医认为是经络联系了全身，从而体现了东方哲学里常说的整体观；中医认为疾病不是一成不变的，在不同阶段要用不同方法治疗，这则符合现在的发展论；而中医涉及的具体理论包括阴阳学说、五行学说等。

从天文上说，中医把人与自然看成一个整体，认为自然界的任何一点变化都会影响到人的气血运行，从而对人的身体产生各种好或坏的影响：一年之中，春夏阳气升发，气血浮于身体表面，秋冬阳气内敛，气血沉于身体之里；一月之中，每月月圆的时候，人的气血较盛，月缺时，人的气血较弱；一天之中，时辰不同各个经络的气血盛衰也不同。

从地理方面来讲，居住环境会影响人的身体状况：比如北方风沙多，所以北方人的皮肤纹理较粗糙；南方天气潮湿多雨，所以南方人皮肤较为细腻。因此，治疗同样的病，对南方人和北方人的经络刺激就要有很多不同，不能一概论之。

《黄帝内经》里对人体经络的作用推崇备至，它说经络是"人之所以生，病之所以成，人之所以治，病之所以起"的根本，也就是说，人生下来、活下去、生病、治病的关键都是经络，可以说是"决生死，治百病"。书中具体讲述了每条经在人体上的循行，还讲到"夫十二经脉者，内属于脏腑，外络于肢节"，也就是经络向内归宿于五脏六腑，向外四通八达于四肢百骸、五官九窍，总之，经络把人体各部分都联系起来，变成了一个奥妙无穷的活生生整体。现在我们看到的完整经络学说，实际上就来源于《黄帝内经》时期。

作为经络学说的第一位实践者，黄帝自己就很注重保养身体，所以他最终活到了120多岁，而他的子孙也都是寿高百岁。其实在当时，草药不是最常用的治病方法，按摩才是，当然那时候不叫"按摩"而称"导引"、"按跷"。《黄帝内经》里是这样讲的：

"形数惊恐，经络不通，病生于不仁，治之以按摩、醪酒。"也就是说，当经络不通的时候，身体的某些部位一定会有反映，而通过按摩、醪酒可以疏通经络中的气血，气血通了人就好了。这应该算是最早的经络养生了。

现在，一些打着反伪科学大旗，高呼要废除中医的"斗士"们声称，中医之所以落后，是因为理论落后，至今还把几千年前的老书奉为经典，中医就是在"吃老本"，拿着祖宗留下的东西说事，《黄帝内经》就是他们紧盯不放的"把柄"。对此，我只能说他们愧为炎黄子孙，《黄帝内经》对人的看法上应天时，下应地理，内应精神情志，这比西方的时间治疗学、精神疗法等不知早了多少年！这种理论是落后吗？我认为他们是不了解《黄帝内经》的历史而直言粗出，其实《黄帝内经》不是黄帝时期的作品，而是从春秋战国开始，后人在实践中，在治病救人的过程中一步步完善起来的。所以它并不是"死"的，而是历代祖先传承下来的精华！

东汉的"方书之祖"，有着"救命活神仙"之称的张仲景，在《黄帝内经》的基础上发展了经络学说。他认为人所生的病是通过一条叫"太阳→阳明→少阳→太阴→少阴→厥阴"这样的通路从体外向体内传输的，根据疾病所属的经络不同，要用不同的方法治疗。比如最初的风寒感冒病在太阳经，要用麻黄汤来治。他的《伤寒论》也是中医的四大经典著作之一。

扁鹊一眼就能看到人的五脏六腑

明代的李时珍，大家都知道他是《本草纲目》的作者，其实他还写过《奇经八脉考》一书，里面主要是对古代人体奇经八脉文献的汇集、考证。他说："内景隧道，惟返观者能照察之。"也就是说，经络不是一般人能看到的，只有那些练了气功的"能内视"的人方能看到。这种观点影响至今，现在很多练气功的人也是这样认识经络的。

武当山有一名练气功的道士，曾经练到很高的境界，开了"天眼"，他跟我说，在他练功练入化境以后能看到自己经络的循环，路线跟《黄帝内经》书里记载的一模一样，而且身体内阴、阳经循环交接，只是两侧的方向相反。听他这样说，我惊叹不已，我的个人修为没有达到这种高度，所以没办法验证他说的是真是假，现在的各种科学仪器也无法检测。

但我想，这就是李时珍说的"内视反观者"吧。用现代人的话说就是透视眼，就是特异功能。据说名医扁鹊就有透视眼，能看到人的五脏六腑，所以看病时很神很准。既然能看到人的里面，透视眼当然就能看到人体内精确的经络走行，药物的归经之路，这样经络学说、脏腑学说、阴阳五行等中医的理论架构也就很好地建立起来了。

经络治病是当代医学的返璞归真

大家都知道，以前的人学中医不是在学堂，而是在医馆或者药堂后学的。拜师后师父首先要徒弟学的就是经络，因为只有懂得经络才能明白脏腑之间互相有什么关系，所以不学经络就不知道如何用药，如何开方，因为中药是讲究归经的。而古代的中医都是大儒，"医文同源"，"医道同源"，"不为良相，便为良医"等正是对此的描述。

依据中医"治病之要，气内为保"的学说，按揉经络穴位与内服药有"异曲同工"的作用。回归自然是现在全球健康生活的大趋势，虽然以前不断有这样那样的药物出现，而且还打着纯天然提取物等招牌，但对我们的身体来说毕竟是外来的异物，肯定不如我们激活自身的潜能来预防和治疗疾病好。这样看来，通过经络调动身体的自我修复功能，会不会是医学的返璞归真呢？"经络敏感人"的出现，使人联想到人类医学有可能重新进入《内经》治病的时代，也就是以按揉经络穴位为主流的"三十年河东"医学时代。

刘力红、吴清忠、费伦、陈玉琴眼中的人体经络

在这个环境污染，充斥着抗生素、添加剂的时代，天然疗法受到了人们越来越多的重视，其中经络养生、经络治病法受到了无数人的追捧，很多中医大家对人体经络的护生作用也是倍加推崇。在这儿我列举一些当代名中医对经络的高知灼见，以此来加强人们脑海里对经络护生的认识。

刘力红，很多人知道他是源于《思考中医》这本畅销书。他是著名的中医专家，广西中医学院的教授。他很重视古代经典，对中医古籍研究很深。他认为："经络隧道，若非内视返观者，是难以说出道的。"只要具备这个内视能力，经络和穴位都是看得见的东西，就像李时珍说的"内景隧道，惟反观者能照察之"。通过具体症状，可以知道是哪条经出了问题，就可以针对这条经治疗。刘力红先生是学伤寒的，所以在《思考中医》里，每条经都有本经病的论述，而他的开方施药也和病人的经络联系得非常紧密，治愈效果相当好。

吴清忠，台湾著名人士，可以说是久病成医的一个典范。他原在跨国公司工作，学的是计算机专业，一次意外生病让他与中医结下了善缘，在中医这门博大精深的学问感染下，他开始用计算机系统科学的方法来解释神秘的中医。他认为，药物的滥用是现代人的一个失误，"身体需要的，不是灵丹妙药，而是一本正确的人体使用手册"，而根据人体的经络系统对身体进行维护就是正确的首选方式。他通过自身实验和对家人的保健护理总结出了一套自我保健方法，主要以"敲胆经"和"按摩心包经"为主。他的这些观点赢得了无数渴望健康之人的赞同，大家身体力行一段时间后，都惊喜地看到了自己身上的良好变化。

费伦，复旦大学教授、知名学者，对经络有着浓厚兴趣。前几年他爱人身体不太好，他亲自为她做中医治疗，效果非常显著。出于对中医的信服，他开展了经络实质以及功能性特征的实验研究。他认为，人体经络穴位的物质基础是以结缔组织为基础，连带其中的血管、神经丛和淋巴管等交织而成的，并将这项研究在1998年3月的《科学通报》上发表。

陈玉琴，也是一位由疾病走向济世医者之路的人。同样是因为重病缠身，经西医治疗后大失所望，她便发愤自学经络按摩，并治好了自己的重病和身患绝症的丈夫。她结合自身体验和传统医学的经络精髓，并将它们施化于众人，希望用它们为更多人解除病痛。陈玉琴认为，经络只不过是疏通五脏六腑的通道，指压、推拿、针灸、拔罐、刮痧都不治病，只不过是疏通经络，经络疏通了，人体的很多病症也就随之减轻或者消失了，这与中医理论中常说的"通则不痛，痛则不通"是一个道理。

江湖中流传至今的神秘经络

提起武侠小说，自然就会联想到一些江湖传说中很厉害的武功，比如六脉神剑、九阴真经、九阳神功、隔空点穴什么的，几乎所有的武侠小说和武侠剧里都能看到有关穴位、经脉的描述，让人觉得神秘莫测。而大部分人眼中的经络穴位都是通过这些小说电视知道的，难怪很多人得知我是搞"针灸推拿"的以后，总会问我一些问题：

"武侠小说总说某某人因为一次奇遇打通了任督二脉，从此功力大增，一夜之间就成了武林高手。好像打通了任督二脉，就能无法无天，那到底什么是任督二脉，打通任督二脉是什么概念呢？"

"哪个穴位是笑穴，哭穴？点哪个穴位能让人说不出话，动弹不了？"

"练功到至境之际，是不是真能让百会冒烟？丹田在什么地方？"

如此等等。

其实经脉、穴位都是中医眼里疾病与人身体的传导器，因为中国的气功、武术，比如易经筋、太极拳，都跟经穴有关，所以金庸、古龙们就发挥他们的想象，把武功写得出神入化，经络也就成了很玄的东西。

让我们先来看看这些江湖上流传已久的"神功"的真面目吧。《易筋经》大家都知道，《笑傲江湖》里说它是少林寺绝不外传的绝技，其实它的真面目就是强身健体、锻炼身体柔韧性的功法，与现在流行的瑜伽有点相似。太极拳的神话色彩淡点，因为好些老年人晨练就打太极，但是没见谁练完之后能飞檐走壁。至于六脉神剑，那是来源于经络里手三阴经和手三阳经的"井"穴，并且用这六个穴名来命名。"井"穴不过就是手指尖、脚趾尖的穴位，是一条经里气血运行的始发站。

至于任督二脉，是人身体内的两条重要经脉。督脉在身体的后正中线，就是沿着脊梁骨从下向上走；任脉在身体前正中线，也就是肚脐眼所在的上下直线。前后这两条经脉是气血的循环通路，又叫"小周天"，练气功时很讲究这个。所以武侠小说里会夸张地说某人一旦打通了任督二脉，武功就会日进千里。

小说虽然有夸张的成分，但也反映了经络的重要性。其实说穿了，气通则机能顺畅，气堵则百毒囤积，经络通了，虽然不能让你功力大增，但也能使你身体大健。

小说中的有些大侠、神医还能运气疗伤、柳枝接骨、秘方去毒、点穴治病，其实这些也都不是空穴来风。"柳枝接骨"在名医傅青主的《金针度世》里还真有记载。人骨头断了，把柳枝剥了皮整成骨头的形状，中间打通像骨腔似的，放在两段断了的骨头中间，在木棒的两端和骨头的两个切面都涂上热的生鸡血，再把"石青散"撒在肌肉上，把肌肉缝好，然后敷上接血膏，用木板固定，慢慢的这截柳枝就会被钙化，成为骨骼。至于金疮药，《金匮要略》里就有记载，大多是止血生肌的中药。至于点穴，前段时间中央电视台有一个专访，说咱们国家的一位点穴大师与一位散打高手比武，结果散打高手被一穴点中，一下就趴下了，后来点穴大师给他揉了揉穴位，一会儿就缓过来了。

武侠传说、江湖风雨给中医、经络披上了神秘的面纱，我们揭开后就能发现其中那些很实用、很重要的经络与穴位。在中医的眼里，大多数人都会有经络堵塞的现象，经络不通，气血就流不动了，"不通则痛"，这时就会出现各种疼痛和其他不适感。好比路上塞车了，被堵的人就会急躁、鸣笛，到处乱哄哄的。有些人老是头痛、腰腿痛、肩颈痛或者老觉得身体的某个地方发酸、发麻等等，让中医给扎扎针或者做做按摩之后很快就能好，就是因为中医通过刺激穴位或者沿着经络按揉恢复了经络的畅通，使人身体的气血能正常地流通，从而各种症状也就自然而然地消失或者减弱，达到了"通则不痛"的目的。

经络就是我们的随身御医

虽然现在的医学技术很发达，但我们也不可能把医生24小时都带在身边，身体不舒服了医生也不能马上就为你手到病除，况且现在这个时代，还有很多人看不起病，去趟医院，一套检查下来，几百块钱没了，再开点药，又进去几百，更别说大病降临的时候全家感觉天都要垮下来的情景了。所以我们有必要掌握一些运用经络、穴位来自我保健和预防疾病的方法，这样也就等于有了个随身携带的"保健医生"，既方便又省时省钱。

除了治一些经络不通引起的疾病，刺激经络和穴位还能治"未病"，也就是养生保健。在你身体将要发病或者刚刚发病，还没有引起你注意时，往往可以从穴位和经脉上反映出来一些初期症状。这时刺激经络，身体的各种自我调整系统就能够被激发，激活后就能自我恢复平衡。

什么是健康？健康就是人身体的每个部分都能够正常地工作，像亲人一样在生活中呵护相依。在如此的团结和平衡下，身体怎么会不健康快乐呢？

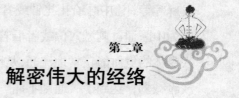

第二章

解密伟大的经络

让现代科学头痛

经络是什么？通俗地讲，经络就是运行气血的路线，它分布在全身的上下里外，如果说我们的身体是一座大厦的话，那么经络就好比是埋伏在大厦墙体里的电线网络，灯火通明的大厦全靠这些网络来通电，一旦电线短路，大厦就会陷入黑暗之中；同样，经络不通了，我们的气血就不能很好的运送到各个脏腑，我们的身体就有问题。

前面讲过，经络在几千年以前就被有心者发现了，并且针灸、按摩一直在用它，可是现在的科学家用最先进的仪器也没研究出经络的实质，只是发现经络及上面穴位的电阻、知热感度之类的指标跟其他地方不一样。那几千年前我们聪明的祖先是怎么发现经络的呢？

有一种说法认为，经络就是经验的总结。我们的祖先在生活、劳动中突然有一次发现身体的某些地方可以治病，比如下地干活时，不小心把食指尖（商阳穴）割破了，然后就发现疼了很多天的嗓子莫名其妙地好了；或者本来一直失眠，第二天出门光着脚走路时发现脚底（涌泉穴）又酸又疼，一天下来睡觉踏实了……经验就这样被一点点积攒起来，最后有心人将之总结，又经后人的补充，久而久之就形成了经络学说。还有人说，最早的治病方法是砭石，也就是用石头刺激皮肤，跟现在的按摩差不多，在治病的过程中慢慢观察揣测，最终形成了经络与穴位的实用大全。

但如果你把人体经络图挂在眼前就会发现，上面分布的每条经都很复杂，在皮肤肌肉里转来转去，还有在内脏里的复杂穿行，经与经之间看似胡乱地交合。总之，一看之下会觉得这种叫经络系统的东西莫测高深，让人顿生敬畏之感。很多人都不禁怀疑，这种与老天都有联系的东西单凭生活与劳动经验能总结出来吗？尤其是经络在内脏中的走行起止，跟现代科学研究出的神经、激素有很多相符的地方。试想想，如果抛弃这种暗合的现象说经络系统都是想象出来的话，那古人岂不成了神仙了？所以又有另一种说法，经络实际上是古人在修炼气功时发现的。因为气功的打坐、观想以及坐禅，这些都要求体会经气的运行。

尽管以上的说法都是猜测，但是很有趣，现代科学绞尽脑汁，穷尽九牛二虎之力也解释不了经络的由来。现在有些人觉得像这种现代科学都解析不了的东西就不科学，就该打倒。但是放眼世界，现代科学解析不了的东西太多了，金字塔、百慕大等一个个千古之谜让古今中外的科学家们伤透了脑筋。我觉得，这些伟大的让后人受用不尽的东西从一诞生起就确立了它们超前的地位，现代科学还远远达不到解析它的高度。但我相信，总有一天，谜底会解开的。

像金字塔一样未解的世界之谜

关于经络的实质，有人说经络是血管，要不怎么运行气血？有人说是神经，不然怎么传导感觉？还有淋巴说、第三平衡系统说等等，但是没有任何一个假说能够完全解释经络现象，所以经络至今还是一个莫大的引人入胜的悬念。

有人说经络是中国的第五大发明，甚至认为认清了经络的实质就可以拿诺贝尔奖，所以研究经络在东西方掀起了一波又一波的热潮。20世纪60年代，朝鲜有个叫金凤汉的科学家，欣喜若狂地向人们宣布他找到了经络，并把它命名为"凤汉小管"，当时把全世界都震了一下。中国赶紧组织了一批专家过去证实，结果朝鲜迟迟拿不出证据，原来是弄错了。美国前总统尼克松访华时，现场观看了针灸治病，对此奇针惊叹不已，随后针灸开始正式进入美国，紧跟着西方各国也开始研究针灸了。迄今为止，虽然各国都投入了很多人力、财力，但是经络研究始终还是处于假说的阶段，谁也没能把经络、穴位和气究竟是什么清楚地呈现在世人眼前。

我私下认为，这是研究方法上出了问题。因为现在好多研究是按现代医学中的解剖那一套来的，是在尸体上找经络，用很高倍的显微镜在经络的走行路线上到处搜索，然而从皮肤到肌肉，始终都没发现有细胞是按经络排列的。这个方向就是错的。经络是干什么的？运行经气的。人死了，经气就没了，还去哪儿找经络啊？经络是一种能量，只存在于活生生的人身上，就像电一样，电器工作时你知道有电，但是谁能说出它到底是什么样呢？肉眼看不见！

有些人会问，经络是怎么发现的不知道，经络的实质也不清楚，那经络真的存在吗？

对此下边我列举几个证据：

（1）感觉。针灸或者按压穴位的时候，人身上沿着经络的地方会出现酸、胀或者麻的感觉，比如按手臂肘弯下的"麻筋"，手心会有麻的感觉，中医把这个叫"得气"，出现这种现象时往往诊治病效果更好。不过这种"得气"跟每个人的体质有关，有的人明显，有的人则什么感觉都没有。大体来说，黑人和白人的循经传感就比黄种人出现得多，所以针灸在他们身上效果更好。

（2）循经皮肤病。一些人的皮肤病不是沿神经也不是沿血管，而是沿经络出现。

（3）皮肤低电阻。经络走行上的电阻比其他地方低，这种现象不但在活人身上有，活的动物身上也有。

（4）温度。用热像仪测身体的一些部位，把相近温度的点连起来，结果发现这种高低线是沿着经络走行的。

（5）一些科学家发现，人也是一个发光体，能主动发出很微弱的冷光，发光强的点绝大多数在经络上。

另外，同位素跟踪、声音的传导等检测手段都表明经络走行的地方与其他地方不同。种种现象证明，虽然经络至今仍是世界未解之谜，但它是确实存在的！

植物与动物身上也有经络

　　人、动物、植物都生存在天地之间，都是靠着大自然生存的，所以肯定有些东西是大家共有的，很多人就猜想，人有经络，动物与植物是不是也有呢？

　　生物进化是从低等到高等逐步进行的，早期的低等动物没有大脑，经络就是它们身体里调节各个器官的主要机构。用现在的话来说，这些经络系统本身就具备计算机的功能，很自动化。

　　当你抱着宠爱的小猫或小狗看电视时，可以顺便帮它揉揉百会穴，百会穴在两只耳朵连线的中点，这样它会更舒服，也会更安静地待在你怀里。科学界测出，动物和人有相同或相似的经脉循行线，这也证明了经络存在的普遍性。但是人毕竟受到了自然界的偏爱，人体内的手三阳经，包括大肠经、三焦经与小肠经，都是其他动物没有的。你知道吗？老鼠只有7条经络，而青蛙只有5条经络，越高等的动物经络数就越多。而动物还有跟人类似的感传现象存在，前面说的皮肤低电阻现象，动物身上也有。所以经络理论同样适用于动物，现在有人用经络刺激法治疗各种牛羊的疾病，比如感冒，肠炎，效果很好。

　　动物有经络，植物也不落后。新疆林业科学院的科学家与新疆大学物理所及美国明尼苏达大学等单位合作开展了对植物经络系统的研究。他们研究了大豆等几种植物，对与枝干相连的叶片进行电学特性检测，发现主叶脉、小叶脉部位的电压比叶肉部位高4～7倍，而它们的电阻却比叶肉的低2～3倍；同样的，主叶柄和叶柄的电压比枝、干部位高7倍，而它们的电阻却比枝、干处的低1～1.5倍。而对与枝干分离的叶子的电学特性的测量发现，主叶脉、小叶脉部位的电压不再比叶肉部位高，它们的电阻仍比叶肉低2～3倍，这与医学上对人的尸体和断离的动物肢体的经络系统进行观察所得到的电学特性是一致的。

这些结果显示，植物体内存在着和动物类似的经络系统，主叶脉、小叶脉和主叶柄、叶柄可能就是植物的经络。针刺叶柄（科学家将此处命名为芽穴）导致主叶脉的电阻下降26%，而叶肉的电阻只下降了4.5%。这也与人体及动物身上的观察结果吻合。

针灸对人体的机能有调解作用，能疏通经络、调节气血，同样，科学家也发现对植物施以针灸能促进植物的生长发育。与对照组相比，针灸过的植物提前三天开花，结果更多，果实干重增加。

总的说来，当代科学对人体经络结构的了解还处在探索的阶段，有人认为经络是神经系统的表现，有人认为经络属于血管或淋巴系统，到现在仍是公说公有理，婆说婆有理，没有定论。试想如果植物有经络，我们是否可以从人体、植物都有的结构入手来考虑经络结构的研究呢？当然，这就不是我们这本《人体经络使用手册》上所要探讨的问题了。

经络也是阴阳、五行的缩影

你清楚自己的身体吗？我们全身的经络就好像山川大河，川流不息奔腾无阻，五脏六腑色彩鲜明，层次分明，如同博物馆陈列的珍贵器物一样，各得其所。你知道阴阳、五行、五色、五味这些听起来很玄的东西都跟我们身体的经络有联系吗？

中医很讲究阴阳，经络也不例外。中医上将经络中内属于脏的，跟脏直接相连、关系最紧密的经称为阴经，它与脏对应的腑又有紧密联系，中医称这种关系为络；将内属于腑的，跟腑直接相连、关系最紧密的经称为阳经，同样它络于腑相对应的脏。阳经在四肢的阳面，阴经在四肢的阴面。日常的保健以敲阳经为主。阳代表那些向上的、明亮的、亢进的、强壮的东西；阴则代表向下的、黑暗的、衰退的、虚弱的，和阳相反的一些东西。阴阳是互相依赖的。人们总向往着阳的方面，比如希望自己有用不完的精力，活跃的思维，强壮的身体。但如果懂得阴阳的关系，你就知道必须养足自己的阴，才能得到所向往的阳。只要平时注意本书所介绍的正确的养生方法，比如睡眠方法、四季睡眠和子午觉、敲经络，就能保持阴阳平衡。

中医的五行学说，是以木、火、土、金、水五种物质的特性来归类自然界的各种事物和现象。五行相生的次序是：木生火，火生土，土生金，金生水，水生木。五行相克的次序是：木克土，土克水，水克火，火克金，金克木。人体经络脏腑的有关窍位，同时也与五行对应，即木、火、土、金、水分别对应肝经、心经、脾经、肺经、肾经，同时也存在五行相生相克的关系。

肝经太旺的人平时都喜欢生气，因为肝经主怒，若是女士的话容易得乳腺增生，因为肝经循行经过乳房；肝经有异常的话会同时影响到脾经，又因为木克土，所以同时她也会有消化系统方面的问题，比如腹泻、腹胀或胃痛等。因此有这样症状的人平时主要敲肝经，就是敲腿的内侧，或者推两侧胁肋部，舒理肝气。

另外，青红黄白黑五色分别对应肝经、心经、脾经、肺经、肾经。根据经络与五色的对应关系，建议心经虚的人，即心慌、心悸的人多穿红色衣服；肺经虚的人，即平常经常感冒的人多穿白色衣服；肝经虚的人，就是平时胆子小，容易被惊吓的人多穿青色衣服；肾经虚的人，平常怕冷，小便次数多而且清长的人多穿黑色衣服；脾经虚的人，即消化功能不好的人多穿黄色衣服。

心经、夏天、红色在五行里都属于火，所以中医提出红色的衣服应该为夏季着装的首选。不少人认为夏天穿白色衣服最佳，其实穿红装更好。因为红色的可见光波最长，可大量吸收日光中的紫外线，保护皮肤，所以夏天穿红色衣服可保护皮肤不受伤害并防止老化。这个结论又印证了中医理论的博大精深。

我曾见过一位针灸大夫坐诊，印象十分深刻。当时患者是一位穿着青色外衣的女士，那女士脸色萎黄，想请大夫帮她调理一下，大夫诊治完后嘱咐她以后不要穿青色的衣服，而要多穿黄色衣服。我大感不解，女士走后，大夫就给我们解释，正常人穿什么颜色的衣服都无所谓，但这位患者本来脾经就很虚，而青色属木，旺肝经，肝经一旺就克脾经，患者的脾经太虚了，经不起肝经的一点旺盛，所以不能穿青色衣服。

在中医理论中，经络与五味的对应为酸入肝经、甘入脾经、苦入心经、辛入肺经、咸入肾经，五味功用性能为酸收、甘缓、苦泻、辛走、咸润。五味选择性地作用于经络，并通过经络传导间接地作用于脏腑。有的人喜欢吃甜，有的人喜欢吃酸，每个人对味道都有偏好，一般情况下不会影响健康。但这种偏好不能太过。如果这个人很喜欢吃酸的，但已经有胃痛了，那就要少吃了，因为酸属于木，旺肝经，木克土，而胃经是属于土的。

当人体某个经络功能下降时，人对某些滋味就感觉不到；当某个经络功能亢奋时，即使没有吃东西口中也会感觉到某种很重的滋味。比如肝火重时口发苦，脾阳上亢时口发甜，遇到这种情况就要敲相应的经络，直到把这条经络调理正常，这种异常的味觉就会消失。

我们的祖先有"早吃咸，晚喝蜜"的习惯，这是很有道理的。早餐一定要吃好以应付一上午繁忙的工作，咸入肾经，肾经气旺，自然精力充沛。早餐喝白粥就咸菜，或者吃一碗馄饨，再加几个包子，是中国传统饮食中最好的最符合经络养生的选择。晚上吃完饭后，喝点蜂蜜，甘入脾经和胃经，胃和则卧安，那么晚上睡觉一定很香。

中医就是这样用传统知识解释我们的身体，在了解自己身体的同时，知道一些传统医学中的幽微、精湛之术，并试着用它们来思考，料理我们的身体，这未尝不是人生中有趣而有益的善举。

第三章

与天地通电的人体经络

经络也要烧电

我们的身体跟电器一样，也要用"电"，这里的"电"就是能量。当你感觉浑身没劲时，就说明身体的"电压"太低了。一个人生病时间长了，或者上点年纪，经常会有吃东西没味儿、脸色不好、无精打采等症状。这些都是因为身体经络的电强度减弱了，储备的能量不够了。那怎样为我们的身体补充足够的电量呢？

首先看一下我们身体里的能量是怎么转化的。脾胃是我们身体的"能量转换器"，它负责把吃的东西转化成能量，就像发动机把汽油转化成汽车动力一样；经络则是隐藏在我们身体里面的"电线"，负责把脾胃生成的"电"运到身体的各个部分去调节各个脏腑。如果它不能及时运走脾胃的"电"，这些"电"就会在脾胃里面堆积，使脾胃功能减弱，同时其他得不到"电"的器官会因"供电不足"而使应有的功能发挥失常。

因此，要保证我们的身体正常运行，首先要确保"电源"的充足，也就是要保证我们吃的东西能顺利地转化成能量。跟脾胃关系最密切的是哪条经？毫无疑问，胃经。只要每天敲胃经，就能保证脾胃的正常运行，"电源"自然充足。

如果说经络是电线，那穴位就是电线上的敏感点，刺激这些敏感点，就能调整这条线的功能。你可能会想，离脏腑近的穴位当然跟脏腑关系密切，而那些离脏腑远的穴位能有什么作用呢？远端的穴位就好像蓄电池，是经络蓄电的地方，有很好的疏通经络的效果。比如有心血管系统疾病的人一定要按胳膊的内关穴，也称救命穴，效果真的令人称奇。内关穴是心包经的穴位，手掌向上举着，从手腕向下量三个指头的宽度，两条大筋之间就是内关穴。

脏腑器官有病了，与此相对应的经络也会导致身体里电量的改变，破坏体内电流平衡，这时敲或者揉经络，可直接导致经络、穴位的生物电阻、电压变化，从而可以使体内的电流畅通无阻，协调脏腑功能。比如感到饿却吃不下东西的人是肾经的电量低，是肾阴不足，虚火上犯于胃导致的，也就是水不够火就上来了，火大了就想吃东西，但是这个火是水不够引起的，人还是虚的，属于动力不足，当然吃不下。遇到这种情况就得每天敲肾经。肾经在腿的内侧，敲的时候有酸痛的感觉就对了。

同样，身体上一条经络电量低的时候，也会直接影响皮肤或者皮下，敲经络的时候能体会得到，在经络走行上出现皮肤松驰、凹陷，或者有压痛、摸起来有米粒或硬条索一样的东西，这就是身体告诉你有问题了。比如当你按压肺经时（肺经在手臂阴面靠拇指的那条线上），突然发现与平时按压的感觉不一样，感觉特别疼，或者在那条线上有小结节，那就是提示你的肺经电量异常，将会得感冒或咳嗽。不过没关系，只要你持续按压肺经，把疼的地方揉开，呼吸系统的病就很快没了。如果手阳明大肠经的电量不正常了，就会出现牙疼、脖子发僵、肩不能往上举、胳膊疼、食指疼等不舒服的现象，这时就要敲大肠经。大肠经很好找，只要把左手自然下垂，把右手拿过来敲左臂，所敲的地方就是大肠经。

五官七窍也和经络有对应关系。例如，肺经通鼻，肺有疾病，容易影响鼻功能，这时就要敲肺经；肝经通眼睛，容易影响视力，家里有近视的小孩，可以经常给他敲肝经，就是敲小腿内侧。它们的功能是互相影响的，一个脏腑器官有病，整条经络都会异常，例如循经皮肤病就是与此有密切关系的一条经络有病造成的。

经络电使全身经络的运行路线相对稳定。当脏腑功能失调，经络电阻增高，也就是中医所说的气血紊乱，不通则痛时，就会导致身体产生压痛点"阿是穴"无规律地出现。这也体现了人的身体是一个整体，所谓牵一痛而动全身。中医讲究整体，通过使用经络，对身体内的组织器官进行调节疏通，补其不足，减其过剩。这种自我调节是人体本身具有的伟大功能，只不过需要我们通过刺激、点拨经络来唤醒它罢了。

知道了人体这个大的用电器是怎么工作的，也知道了人体经络线路的重要性，我们就要好好维护上天建造在我们身体内的网络，这样才不辜负生命的本义。

经络是人体的活地图

中医认为人的经络主要由经脉和络脉组成，好比一棵大树有树干还有分出去的枝叶。经，有"径"的含义，也就是路，指的是大并且深的直行主干；络，有"网"的含义，好像网络一样，指的是分支，小并且浅的横行支脉。经络就像身体内深浅不一、纵横交错的沟渠一般，运行着气和血，使人的生命能够延续。只有把这些沟渠打扫干净，让气血畅通无阻，人的身体才不会出现问题。为了预防我们身体疾病的发生，为了及时知道身体哪儿堵住了，我们就得先知道经络到底在哪儿。

·十二正经如江河，奇经八脉是水库

经络的主体叫经脉，就是运行气和血的主要道路，相当于北京城的二环路、三环路。当然，人体不像树那么简单，只有一个主干，人体的经脉包括十二正经和奇经八脉。这十二正经是主干，要向外分出"分支"来联络四肢躯干的皮肉筋骨，它们向内深入到胸腔、腹腔，上行到头，是胸、腹及头部的重要支脉，主要作用是沟通人体的内脏，并加强经脉与经脉之间的联系，有"别行之正经"之称。

如果说十二正经是奔流不息的江河，那奇经八脉就像水库一样。平时十二正经的气和血奔流不息时，奇经八脉也会很平静地正常运行；一旦十二正经气血不足流动无力时，奇经八脉这个水库储存的"水"就会补充到江河中；相反的，十二正经气血太多了，太汹涌了，"水库"也会增大储备，使气血流动过来，只有这样，人体正常的功能才会平衡。这个道理说简单点就像防洪抗旱，而从医学上来说，奇经八脉对全身经脉实际上起着联络和调节气血盛衰的作用。总之，奇经八脉与十二正经相互调节、相互配合，才能保证人体的平安无事，就像土地要跟大自然的降雨配合才能保证庄稼的收成一样。

·如山溪小河流一样的十五络脉及其连属部分

　　络脉是经脉分出的浅层分支，其中较大的主要有十五络，相当于比较粗的树枝。主要在人的四肢以及躯干的前面、后面、侧面。十五络还向下还有分支，起联络沟通的作用，能够加强它上面和它下面两个层次之间的联系。十五络在人体内的走向有向里向外两个方向，所以它能够加强表里的联系，促进表里气血的流通。络脉再分出的更细小的分支称孙络，一般浮现于皮肤表层。肉眼可以观察到的叫浮络、血络，它们就像人的微循环系统，纵横交错，愈分愈多，愈分愈小，最后弥散在全身。

　　综上所述，人体的经络是有主干有分支的，这些分支又都相互交叉联系着，默默地为人的身体贡献着自己的力量。

　　除了经络以外，还有跟经络相联系的部分，叫经络的连属部分。人是立体的，所以这种连属包括向内和向外两大部分。

·五脏六腑——人体的蓄水池和输送管道

　　什么是五脏六腑呢？中医将内脏统称为五脏六腑。《黄帝内经》中的《素问·五脏别论》说："所谓五脏者，藏精气而不泻也，故满而不能实；六腑者，传化物而不藏，故实而不能满也"。心、肝、脾、肺、肾是五脏，是实质性器官，主要功能是化生和贮藏气血精津液，也就是生成并储存人体的所有精华；小肠、胆、胃、大肠、膀胱、三焦为六腑，是空腔性器官，其主要功能是受纳和腐熟水谷，传化和排泄糟粕，简单说就是消化食物，排出废物。所以，五脏好比蓄水池，六腑就是输送管道。

　　根据现代医学理论，上面说的六腑大都是属于消化系统的，这跟几千年以前没有解剖基础的中医的看法竟不谋而合。

前面说过，阴阳学说和整体理论是贯穿整个中医的。中医把五脏六腑看做一个整体，这个整体又可以分成阴和阳，也就是脏和腑。可能有人会问，为什么脏是阴？腑为什么不能是阴呢？阴，很容易联想起阴天黑夜之类，它们的特点是阴暗的、安静的、抑制的、内守的……这跟脏的特性功能相符；同样，阳让人想到阳光、运动、向外的、活跃的等等，这跟腑的特点符合。

有人说中医是没有理论支持的，仅仅靠经验治病。其实这些理论不都是最直接的逻辑推理，最简单的知识吗？生活是最好的老师，自然蕴涵着最高深的哲理，只是有些人视而不见罢了！

·经络是五脏六腑的镜子，更像是一对同气相求的孪生子

现代研究发现，经络循行的部位与络属的脏腑有神经上的联系，所以它们之间的病理现象会有很多相似的地方。

这种联系，对不懂中医的人而言，可能认为是毫无根据的。例如明明牙疼为什么按手上的穴位？胃疼却要按脚上的穴位？这不是南辕北辙吗？但从经络的原理来看，就会发现它们之间同气相求，血缘相通，有不可分割的关系。

具体来说，心经属于心脏，络于小肠；肝经属于肝脏，络于胆；肺经属于肺脏，络于大肠；肾经属于肾脏，络于膀胱；脾经属于脾脏，络于胃；心包经属于心包，络于三焦；胃经属于胃，络于脾；大肠经属于大肠，络于肺；小肠经属于小肠，络于心；胆经属于胆，络于肝；三焦经属于三焦，络于心包；膀胱经属于膀胱，络于肾。阴经和阳经就这样交通相连，成为纵横交错的网络。

·永远站在人体最前线的经筋和皮部

除了向内联系脏腑外，经络向外还要联系经筋和皮肤，这样气血才能输送到那些地方，关节才能活动，皮肤才有光泽。这些外连部分包括十二经筋和十二皮部。

十二经筋是经脉的气血会聚在筋肉关节的部分，主要作用是约束骨骼，使关节活动。

十二皮部则是经脉的气血在皮肤的分布。皮肤是身体的最外层，也就是人体系统的第一道防火墙，可以保护机体，抵抗病邪入侵。另外，当内脏和经络出现问题时，会在皮肤上有所反映，比如会出现皮肤变暗、没有光泽、有色斑或者长痘。所以治疗这些病症光从表面的皮肤着手是不够的，关键是要调整内脏和经络。内脏怎么调？可以用中药，也可以直接通过经络调。前面我们说经络向内与内脏联系，所以调整经络的气和血就能调整内脏的气血，气血正常了，皮肤自然变好了。

经络气血的调动（运行）是听从上天的

中医认为"天人相应"，也就是说，人生活在天地之间，是天地的一分子，那人的一举一动肯定就要与天地息息相关。天地是有节律的，太阳每天早上从东边升起，晚上在西边落下，祖先们根据太阳的位置把一年分为春夏秋冬四季和二十四节气。人的气血也应该随着自然界的变化而变化。

几千年前的中医，把人的身体与大自然中看到的景象紧密联系起来，并用这种整体思维的方式给人看病。比如，大自然中有黑夜和白天，有静的有动的，这些都是相对的，那么人作为微缩的小自然体也一样，也有阴和阳。古时没有"小时"这个说法，一天被分为了十二个时辰，每个时辰人的气和血都是不一样的，这个时辰大肠经的气血最多，下个时辰胃经的气血最多，气血跟水一样都是流动着的。

· 像一个环似的完美无缺

十二经脉的走行方向有向上和向下两种，比如手三阴从胸走向手，手三阳从手走向头，足三阴从脚走向胸，足三阳从头走向脚，十二经脉相互连接起来就像一个环。具体次序是这样的：

手太阴肺经→手阳明大肠经→足阳明胃经→足太阴脾经→手少阴心经→手太阳小肠经→足太阳膀胱经→足少阴肾经→手厥阴心包经→手少阳三焦经→足少阳胆经→足厥阴肝经→手太阴肺经。简单概括起来就是：肺大胃脾心小肠，膀肾包焦胆肝详。

· 每一条经的人员、装备（血）和战斗力（气）都不一样

和五个手指有长有短一样，不同经脉的气血也同样有多有少。下面的十二经络气血歌可以说明这个问题：

多气多血为阳明，少气太阳厥阴经；

二少太阴常少血，六经气血需分明。

也就是说，手足阳明经属于多气多血的经络，这也是为什么我要提倡阳明经是最重要的经络的原因。手足太阳和手足厥阴经属于多血少气的经络，而手足少阴、少阳和太阴经属于多气少血的经络。

经络就是用来"决生死，处百病"的

《黄帝内经》说："经脉者，所以能决死生，处百病，调虚实，不可不通。"

这句话很多人、很多书里都说过，为什么我在这儿还要说呢？因为通过这句话，我们能很真切地感受到经络有多重要！好比我们的身体是一个城市，经络就是这个城市里的各种管道，你想想，管道不通了会有什么后果？下水道堵了，污水横流；天然气管道不通了，那冬天就等着哆嗦吧。只有各种管道正常了，一切工作才能照常进行。经络也是一样，哪里不通了哪里就会出问题，把它给疏通好了，病也就没了，这就是"处百病，调虚实"，所以才"不可不通"。具体说来，它有以下作用：

（1）联系全身

根据前面讲的经络的组成可以看出，经络可以把人的内脏、四肢、五官、皮肤、肉、筋和骨等所有部分都联系起来，就好像地下缆线把整个城市连接起来一样。每一条通路通畅，身体才能保持平衡与统一，维持正常的活动。

（2）运行气血

天然气需要用管道输送到各个地方，同样，气血也要通过经络输送到身体各处，滋润全身上下内外。这是经络的第二个作用。每个人的生命都要依赖气血维持，经络就是气血运行的通道。只有通过经络系统把气血等营养输送到全身，人才能有正常的生理心理活动。

（3）人体屏障

外部疾病侵犯人体往往是从表面开始，再慢慢向里发展，也就是先从皮肤开始。经络向外与皮肤相连，可以运行气血到表面的皮肤，好像砖瓦一样垒成坚固的城墙，每当外敌入侵时，经络首当其冲地发挥其抵御外邪、保卫机体的屏障作用。

（4）反映内在

疾病也有从内生的，"病从口入"就是因为吃了不干净的东西，使身体内的气血不正常，从而产生疾病。这种内生病首先表现为内脏的气血不正常，再通过经络反映在相应的穴位上。所以经络穴位还可以反映人内在的毛病，中医管这叫"以表知里"。

（5）调气血

人的潜力很大，我们的肝脏只有 1/3 在工作，心脏只有 1/7 在工作……如果它们出现问题，我们首先要做的是激发、调动身体的潜能。按照中医理论，内脏跟经络的气血是相通的，内脏出现问题，可以通过刺激经络和体表的穴位调整气血虚实。这也是针灸、按摩、气功等方法可以治疗内科病的原因。

我们都知道，嘴不但能吃饭，还能吃进细菌，成为疾病感染的途径。经络也一样，它可以运行气血，行使上面说的那些功能，但是人体一旦有病了，它也是疾病从外向里"走"的路。但只要我们知道了它们的循行规律，就可以利用这一点来预防疾病的发展。这就好比敌人来偷袭，我们知道了他的行军路线，就可以提前做好防护准备。

只有经络才能赶在疾病出生前把它杀死

明白了经络的作用，那怎样利用它为我们的身体服务呢？其实经络的用处范围很广泛，预防、诊断以及治疗都可以用到，当然我这里主要说的是自己按摩经络。下面分别从几个方面来介绍。

（1）治病

通过经络治疗疾病最直接的方法就是针灸按摩，通过刺激体表皮肤的某些穴位，以疏通经气，调节人体脏腑的气血功能。因为针灸的要求比较高，不专业操作可能会引起意外，所以这里不多说，而是重点谈一些通过简单易操作的按摩手法来养生保健和治疗常见病，例如胃疼揉按足三里穴，牙疼按合谷穴等。

我们的身体经常会有一些不舒服的时候，有时不知道是什么原因引起的，也没有严重到非去看医生的地步。例如头疼，如果不去管它也许一天半天也会好，但是这一天半天我们会很痛苦，会影响工作和心情。其实这种小毛病通过刺激经络穴位就可以很快缓解，而且操作很简单，按压或者按揉穴位几分钟就行，关键是要找对地方，知道要按压哪儿，怎么去按。经络虽说看起来很玄很深奥，其实我们只要掌握一些技巧，它就会变得很实用。

（2）诊断

经络是身体的一个通道，能通内达外，在人体功能失调的时候，它又是疾病传变的途径。所以人在生病时，常常能够发现在经络走行上，或在经气聚集的某些穴位上，有明显的压痛、突起、凹陷、结节，以及皮肤弛缓等变化，比如沿着经络路线出现的红线、白线、疹子、汗毛竖起等现象，这些都可以帮助我们判断疾病。比如得肠炎的人，大多胃经的上巨虚穴有压痛，长期消化不良的人，可在脾俞穴发现异常变化。

不止这些，穴位的温度、电阻、知热感度的变化，也可以用来诊断疾病，当然这些都是高科技的东西，我们平时用不着。有些疾病在经络上的反应比医院仪器测量出来的还靠谱，因为人感觉不好了到医院不一定就能检查出来。所以我们平时如果多刺激感觉异常的穴位，就可以在疾病未成形的初期牢牢控制它，使其消于无形之中。

（3）预防

扁鹊与齐桓公的故事是最能说明疾病在于防的道理了，大家都还记得吧。扁鹊是春秋时候的名医，他到齐国时，看到齐桓公有小病在皮肤和肌肉之间，多次劝他治疗，桓侯从来不听。到最后扁鹊看见桓侯就直接跑了。桓侯不解，派人去问他为什么要跑。扁鹊说："你的病已经由皮肉之间一步步发展到了骨髓，已经没救了。"果然，过了几天齐桓公就死了。

这是个讳疾忌医的故事，同时也反映了疾病在危害人之前会有一段时间的准备过程，也就是中医所说的潜证阶段。潜证是疾病的早期阶段，在这个时期，疾病的苗头刚冒出来，很简单就可以根除。但也是在这个潜证阶段，人的异常感觉很不明显，到医院又检查不出什么结果，所以往往被人们忽视，但很多中医却能通过望闻诊切诊断出来。

汉代的名医淳于意就能通过察言观色来看病，他可以预先知道病人的生死，判断能否治疗，以及用什么方法治疗。有一次，淳于意给济北王的侍女们治病，其中有一个叫竖的女子，她看起来气色很好，但淳于意摸了一下她的脉说："竖伤了脾脏，不能太劳累，依病理看，到了春天会吐血而死。"过了一段时间，济北王看她的脸色没有变化，就认为淳于意说的不对。但到了第二年春天，竖果然吐血而死。其他的名医如华陀、张仲景等也有用把脉的方法来判断潜证的例子。

我们说的预防疾病，很多时候就是治这种潜证。比如说人冷了要取暖，可以有两种不同的方法让他暖和起来，第一是给他外来的能量，比如给他吹暖风；还有就是激发他自身的能量来取暖。其实这就体现了中医和西医这两种不同的治病模式。你营养不良，西医会给你输液，中医则调理你的脾胃，脾胃好了，吃的东西能转化成气血，营养自然跟上了。本书说的这些日常保健和抗击疾病的方法，也就是教人们如何调动人体自身的抵抗力和激发自身的潜能。

因此，经常按揉经络和穴位就显得特别重要，因为疾病在潜证阶段（潜伏期）是最容易痊愈的，这就是所谓"病向浅中医"的道理。何况人体有记忆功能，每次患病都会对人体机能产生损害，人的身体会把这些损害记录下来，所谓多病则体弱，久病则体虚。如果每天坚持花几分钟按揉本书介绍的穴位，使经络畅通，就算不知道自己的身体正在酝酿哪一种疾病，也能在无意间把它消于无形。

中医有"上工治未病"之说，即高明的医生能在病发前就搞定它。所以健康是从日常生活中的一点一滴做起的，只要每天关注经络，抽一点时间维护自己的身体，使体内垃圾和毒素及时排出，没办法堆积，我们自然就能保持健康。

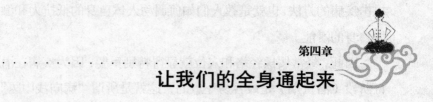

第四章

让我们的全身通起来

不要把自己的身体全部交给医生

经络和脏腑相关联，经络通了，我们的身体才能通畅，健康才有保证。前面讲了十二正经，还有奇经八脉、十五经络，是否太复杂了？如果身体有什么不舒服，难道我们真要每天把全身都敲揉个遍吗？当然不用，我们只要找到身体上的关键点就行。

中医说脾胃中焦主运化水谷，也就是主消化，是人的后天之本，那多气多血的阳明经就显得尤为重要，当然，这里并不是说其他经就不重要了。这一节，我主要想谈谈阳明经的疏通性对人体保健的重要性。人是一个整体，哪个部分罢工都会产生疾病。

阳明经从头、胸腹一直到腿的外侧的前缘，贯穿全身，所以对全身的气血都有通畅作用。

胃肠的功能有多重要相信大家都能体会到，胃肠不好什么小毛病都出来了，如消化不良、便秘、腹泻等。胃肠道的气血生成不足了，身体内的废物就不能及时运走，日渐堆积形成各种毒素，不但会出现以上所述症状，还会在脸上起粉刺、痤疮等影响美观的东西，甚至还有可能出现音哑等失音现象。所以中医在治病时有句口头禅：有病没病，肠胃扫净。说的就是要保持胃肠的通畅。

但是保持我们脏腑功能的正常不能总靠吃药，我们可以通过平时的保健来维护它，调整它。比如按揉足三里就可以调整肠胃功能。

一个人身体处于亚健康状态的时候，敲胃经15分钟，整个人会感到有点儿乏，但会觉得体内畅通多了。如果是第一次敲，当天晚上还会睡得特别好，而睡得好就能使人体气血在最短时间内恢复到最好。

有这样一种说法，中医不是治病，而是治人的。它是通过调整人自身的阴阳虚实，调动人自身的抗病能力，把疾病赶出体外。我经常说，苍蝇不叮没缝的鸡蛋。把自己身体练好了，疾病从何下手呢？但是"练"身体可不是简单地做做晨练，要针对健康的关键、疾病的关键练。

健康的关键在哪里呢？

前面说过，经络是运行身体内气和血的通路。气和血是一对相互支持、同仇敌忾的战友。它们使我们体内各种组织器官保持生气斗志昂扬，是维持健康的最重要因素。古代就有"气为血帅，气行血行，血为气母，血至气至，气若顺得意轻松，血若通远离病痛"的说法。经络畅通了，气血才能正常运行到身体的各个部分，这些部分得到精华的滋养才能正常发挥各自的功能，这样的整体才称得上是健康的。

总之，经络畅通就是健康的关键、祛除疾病的关键。要保持健康，防治疾病，就要从疏通人体经络系统开始。每天敲十四经和按揉几个重要穴位，就足够能疏通一个普通人的经络，保证他应对日常的工作和生活。

现代生命科学预测人类的寿命是125～175岁，而目前我们的平均寿命才78岁左右，这说明我们的身体还存在着巨大的潜能。我在本书中向大家提倡的生活习惯及敲十四经的保健方法，就是教你如何去发掘自己身体的潜能。只要努力坚持直至养成习惯，你就会尝到甜头，欣喜地看到身体一天天变好。

现在满大街都是经络美容，经络瘦身，经络排毒……但从业人员真正会使用经络吗？起码我没有看到他们宣传的那种效果。因此我建议，对人体经络的使用还是由自己来做吧，从自己身体做起，从每天做起，不要把自己的身体交给别人。

最简单和最有效的手法

平时我们怎么做些既简单又有效的事情来保健和预防疾病呢？

· 点揉穴位

点揉穴位可以说是最简便、最有效的方法了。不管何时何地，只要能空下一只手，我们就可以开始点揉穴位，不仅可以用来做日常保健，还能救急，比如水沟穴（俗称人中）、梁丘穴、内关穴等都是身体突发不适时的救命穴。

·推拶经络

平时我们走路时间长或者感到双腿发困发沉的时候，最常用的动作恐怕就是捶腿，这种情景在影视剧里和日常生活中经常看到。或许大家以为这就是对双腿的最好奖励和最舒服的享受了，其实那是因为人们还没有发现推拶经络的好处。这时你可以试着使身体取坐位，把手自然分开，放在腿上，由上往下推，拇指和中指的位置就相当于足太阴脾经和足阳明胃经的循行路线。在中医理论中，脾主四肢肌肉，推拶脾胃经可以疏通这两条经的经气，从而达到放松肌肉和驱逐脾胃上疾病的效果。

·敲揉经络

敲揉经络相对推拶来说刺激量要大些，现在有些人提出敲揉的疗效比针灸还要好。对于一个从事针灸推拿专业的人来说，以我和诸多同仁的体会及专业知识来讲，阳明经的重要性是最大的——不论从它们的循行路线来看，还是从它们与脏腑器官的联系来看，阳明经都是最重要的，它与人的身体健康也是最为密切的。

怎样才能正确找到穴位

使用经络穴位，最重要的，不用说，就是找对地儿。不管你介绍的方法多优越，如果不能正确地找到它们，一切都是枉费，不具有任何意义。没有什么方法比经穴疗法更适合做家庭疗法的了，但是似乎因为找穴太困难，所以不太被使用，实在是可惜。此外，介绍经穴疗法的书虽然很多，但简便而且详细地介绍穴位和经络找法的书是少之又少，这使得很多人空有一堆疗法，却不知道怎么用在自己身上。在这里，我要介绍一些任何人都能使用的、能简便地找到穴道的诀窍。

·找反应

身体有异常，穴位上便会出现各种反应，这些反应包括：

压痛：用手一压，会有痛感；

硬结：用手指触摸，有硬结；

感觉敏感：稍微一刺激，皮肤便会刺痒；

色素沉淀：出现黑痣、斑；

温度变化：和周围皮肤有温度差，比如发凉或者发烫。

在找穴位之前，先压压、捏捏皮肤看看，如果有以上反应，那就说明找对地儿了！

·记分寸

中医里有"同身寸"一说，就是用自己的手指作为找穴位的尺度。大拇指的指间关节的宽度是"一寸"；食指和中指并列，从指尖算起的第二关节的宽度就是"两寸"；把四指并拢，第二关节的宽度就是"三寸"。

另外，倘若知道身体中哪一部位有什么骨骼，找起穴位就更容易了。比如低头时，脖子后部正中最突出的凸骨，就是第七颈椎，紧接着的凸骨是第一胸椎；两边肩胛骨的最下端跟第七胸椎骨的突起在一条线上；腰左右两侧突出的骨头，也就是系腰带的位置，跟第四腰椎的突起在一条线上。

使用经络穴道疗法时要注意的

（1）刺激穴道要在呼气时。穴道疗法最容易忽视的是呼吸。似乎很少人知道，呼气时刺激经络和穴位，传导效果更佳，能取得更好的效果。

吸气时，肌肉收缩而僵硬，这时刺激穴位不太会传达。相反的，吐气时，肌肉松弛而柔软，此时给刺激，不仅痛感少，并且传导佳。

（2）治疗前请勿抽烟。香烟中含有致命的毒物，所含的致癌物质多达40~200种，其中的尼古丁更是剧毒物质。如果在进行穴位治疗前抽烟，尼古丁一旦进入体内，就会造成交感神经紧张，血管收缩，血液循环不畅通，肯定会影响疗效。

一学就会的经络刺激法

·最有代表性的刺激法

在家庭中能进行的穴道刺激中，最普遍的就是指压。不要小瞧指压，这里也蕴涵着诀窍呢！

指压的第一个诀窍是利用容易施力的大拇指，或食指、中指，用指腹按压，可以加重压力，而且长时间按压也不觉得疲倦。

还有一个诀窍，就是按压的补泻之分。有慢性病或者长期营养不良的人往往身体虚弱，这时要予以轻刺激，称为补法，即补充能量，使器官恢复到正常水平；当某些患者神经亢奋、疼痛较强时，要予以重压，称为泻法，即抑制过高能量的刺激法。总的来说，每次压3~5秒，休息2~3秒，再压3~5秒，每一部位重复3～5次，这样效果最好。

现在很多人都知道按摩能放松肌肉，缓解疲劳，真正的按摩是五指并用，有"捶"、"搓"、"揉"、"压"等各种按摩法。其中所谓"压"的手法，就是上面所提到的指压。

一般来说，捶或用力压属于泻法，应用于神经痛等疼痛厉害的病症，轻轻搓、揉等是补法，用于手脚发麻等症状。按摩时间一般在5～15分钟。

灸法，是利用艾草给皮肤热刺激。基本上，灸法是种补法，自古以来便被应用于慢性病的治疗上。

在家中灸时，首先在手掌中放置艾草，并将它捻成细长状。然后在其尖端部分，2～3厘米处摘下，制成大约米粒一半大小的金字塔形灸。

用少许的水弄湿皮肤，在穴位上放上上面所说的灸，如此艾草才容易立起来。然后点燃线香，引燃艾草，在感到热时更换新的艾草。若没有特殊状况，一个穴道用上述的灸进行三"状"到五"状"的治疗（烧完一次艾草，称一"状"）。此法是在发热之后拿掉艾草，故称为"知热灸"。由于灸发热后，会留下痕迹，所以有许多人不喜欢。要想在皮肤上不留痕迹，可使用"间接灸"（温灸）。此法是在皮肤上放置大蒜、姜、盐、味精等，再在其上燃烧艾草。依使用材料之不同，可称为蒜灸、姜灸、盐灸等等。这种热刺激十分缓和，不会有留下痕迹之虞。市面上已有卖间接灸的商品，可以直接利用这些商品。

除了直接燃烧艾草，最简单的灸疗法是线香灸。准备一根线香，点上火，将线香头靠近穴道，一感到热，便撤离。一个穴道反复5～10次。

·巧用身边的小东西

把五六支牙签用橡皮条绑好，以尖端部分连续扎刺等方式刺激穴道。刺激过强时，则用圆头部分，此法可期待出现和针疗法相同的效果。

不喜欢灸术的朋友，可以用吹风机的暖风对准穴道吹，借以刺激穴道。这可以算温灸的一种。

体质虚弱的孩子，肌肤较易过敏，再小的刺激往往也受不了，此时可利用旧牙刷以按摩的方式来刺激穴道。

以手指做指压时，不能好好使力的朋友，可利用圆珠笔或铅笔等来刺激穴道。方法是用圆珠笔头压住穴道（要领与指压同）。一般来说，此法压住穴道部分的面积较广，刺激较缓和。

在割成一厘米见方的胶布的中央，放置一粒生米，然后贴在穴道上。如此，便可给穴道长时间的微量刺激。在指压或按摩后以此方式刺激穴道，具有保持其效果之功能。

脊椎骨的两侧有许多重要的穴道，可惜的是，自己无法好好地刺激它们。但若有软式棒球，即可轻易地达成目的。仰卧，将球放在背部穴道的位置，借助身体的重量和软式棒球适度的弹性，穴道可获得充分的刺激。想要刺激背部的穴道时，请大家务必要试试这方法。

像高尔夫球那种硬球，比较适合刺激脚内侧的穴道。坐在椅子上，将高尔夫球置于脚底并滚动它，对刺激涌泉等穴道十分有效。

第五章

人生下来、活下去的根本保证

　　既然人通过经络与天地通电，也就凝聚了天地的灵气，古人讲天地人为三材，而它们三者又统一为大才，人也是天地的一脏，可以说是"人脏"，所以才有"天人相应"的说法。人体的十二条正经，对应地之水流，孙络有365之数，一年有365天，应周天之度，穴位也是如此以应周期之日。

　　每条经因为它冥冥中接天应地，所以都有各自的巨大功效。下面我从日常保健的角度，向大家分别介绍各条经络。

人的后天之本——足阳明胃经

中医里说脾胃是人的"后天之本"，就是说它们是人生下来活下去的根本保证，为什么这么说呢？因为脾胃具备了我们现在所说的整个消化吸收功能，是人体的能量源头。脾胃管着能量的吸收和分配，脾胃不好，人体"电能"就不够用，"电压"偏低，使很多器官运作代谢减慢，工作效率降低，或干脆临时停工。如果五脏六腑都不能好好工作，短期还可以用"蓄电池"的能源，长期下去就不够用了，疾病也就出来了。由此看来，养好后天的脾胃发电厂有多么重要！

·潜伏在胃经上的疾病

胃经有两条主线和四条分支，是人体经络中分支最多的一条经络。主要分布在头面、胸部和腹部以及腿的外侧靠前的部分。

足阳明胃经：从鼻旁开始，交会鼻根中，旁边会足太阳膀胱经，向下沿鼻外侧，进入上齿槽中，回出来挟口旁，环绕口唇，向下交会于颏唇沟，退回来沿下颌出面动脉部，再沿下颌角，上

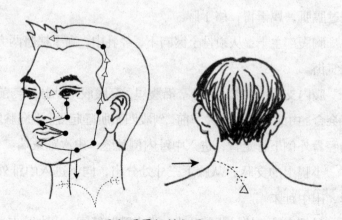

足阳明胃经循行图1

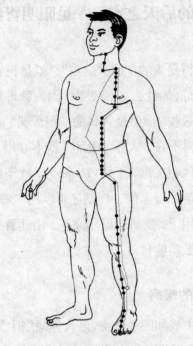

足阳明胃经循行图2

耳前，经颧弓，沿发际，至耳颅中部。

颈部之脉：从大迎前向下，经颈动脉部，沿喉咙，进入缺盆，通过膈肌，属于胃，络于脾。

胸腹部主干：从锁骨上窝向下，经乳中，向下挟脐两旁，进入气街。

腹内支脉：从胃口向下，沿腹里，至腹股沟动脉部与前外行者会合。由此下行至髋关节前，到股四头肌隆起处，下向膝膑中，沿胫骨外侧下行足背，进入中趾内侧趾缝，出次趾末端。

小腿上的支脉：从膝下三寸处分出，向下进入中趾外侧趾缝，出中趾末端。

足部支脉：从足背部分出，进大趾趾缝间，出大趾末端，接足太阴脾经。

足阳明胃经有毛病（气血运行出现异常情况），人经常会出现以下症状：

发高烧、出汗、头痛、脖子肿、咽喉肿痛、牙齿痛，或口角歪斜，流浊鼻涕或流鼻血；精神方面容易受惊、狂躁；吃得多而且容易饿，胃胀、腹胀；膝盖肿痛，胸乳部、腹部和大腿部、下肢外侧、足背、足中趾等多处疼痛，足中趾活动受限。

如果有上面这些情况发生，我们就知道是胃经出问题了，这时应该及时敲胃经或者按揉胃经的重点穴位。

·为什么要用手刺激"喜润恶燥"的胃经

胃经属于胃，络于脾，所以它和胃的关系最为密切，同时也和脾有关。每个人在出生后，主要依赖脾和胃的运化水谷和受纳腐熟食品，这样人体才能将摄入的饮食消化吸收，以化生气、血、津液等营养物质，才能使全身脏腑经络组织得到充分的营养，维持生命活动的需要。所以说，脾胃也为气血生化之源。

按摩胃经和重点穴位，第一可以充实胃经的经气，使它和与其联系的脏腑的气血充盛，这样脏腑的功能就能正常发挥，就不容易被疾病"打败"；第二是可以从中间切断胃病发展的通路，在胃病未成气候前就把它消弥于无形。

·中风偏瘫找胃经

在治疗中风偏瘫后遗症肢体肌肉萎缩无力时，取穴常取胃经穴位，即所谓的"治痿独取阳明"，痿是瘫软无力的意思。

患有中风后遗症的病人其实在医院也就是打打点滴、扎扎针和进行功能恢复训练，但是其高昂的医疗费确实让人头疼不已，所以病情稳定后很多人都要求回家治疗和恢复，这个时候，

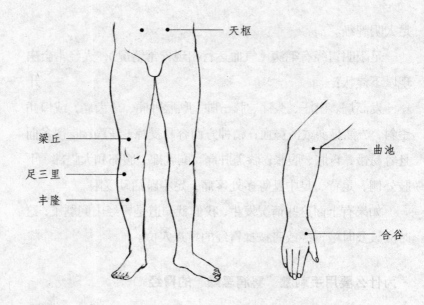

天枢

梁丘

足三里

丰隆

曲池

合谷

病人经常会有肠胃功能不好和偏瘫的肢体肌肉萎缩现象。我们在护理的时候就一定要帮其按揉胃经，每天沿着经络的走向从上到下揉40遍，然后再点重要的穴位，如足三里、梁丘、天枢、丰隆以及手阳明大肠经的曲池、合谷等，这样能很好地帮助病人消除种种不适。

中医讲"久卧伤气"，而中焦脾胃是气血生化的来源，它们是我们身体所需能量的"生产车间"。病人长期卧床，脾胃的运化功能肯定不好，也就是中焦脾胃的气受伤很重了，我们很少见那些长年累月躺在床上的偏瘫病人食量很好，用现代医学讲就是长期卧床、缺乏锻炼导致的胃肠蠕动减慢、消化功能下降。而按揉胃经恰恰可以恢复他们的胃气，坚持一个月左右就会发现他们的食欲开始逐渐变好，饭量增加了，大便也开始通畅了。

病人肢体的肌肉因为长期得不到锻炼而逐渐萎缩，也就是医学上讲的"废用性萎缩"，如果不想办法恢复的话，即使病人以后慢慢能下地了，走路也是个问题，两条腿粗细都不一样了怎么能走好呢？但是这时候如果坚持每天揉胃经，不到一个月，就会发现患侧腿上的肉不那么松了，这就说明肌肉的弹性在恢复，肌肉停止萎缩了。这个时候，如果再多从心理上安慰、开导病者，不让他们心里着急，再加上一些中医的活血化瘀和补气的药物，比如黄芪桂枝五物汤或者补阳还五汤等，病者完全可能重新站起来。

·拍击足三里（人身第一长寿穴），胜吃老母鸡

足三里穴位于膝关节髌骨下，髌骨韧带外侧凹陷中，即外膝眼直下四横指，然后再往外一横拇指的地方。

足三里号称人体保健第一大穴，从古至今一直为人们所重视。刺激足三里穴，可使胃肠蠕动有力而规律，并能提高多种消化酶的活力，增进食欲，帮助消化；可以改善心脏功能，调节心律，增加红细胞、白细胞、血色素和血糖量；在内分泌系统方面，对垂体——肾上腺皮质系统有双向良性调节作用，并提高机体防御疾病的能力，所以民间才有"肚腹三里留"这种说法。

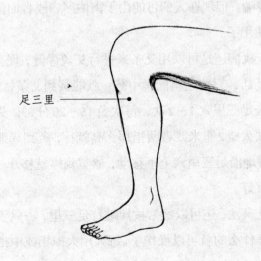

足三里 ——

消化不好会导致身体血气的不足，从而间接影响到身体的健康。现代人虽然把很多营养的东西都吃到肚子里了，但由于胃肠功能不好，使得人体的吸收能力很低，吃进身体里的食物经常因为无法吸收而直接排出，吃再好的东西也没有多大作用的。在这种情况下最好的方法就是常按足三里，坚持每天用手指揉上5分钟，不到10天，你就会发现自己的消化好了，饭量也增加了，饭后不会再有不舒服的感觉了，而且不会经常拉肚子了。

按揉足三里穴能预防和减轻很多消化系统的常见病，如胃十二指肠球部溃疡、急性胃炎、胃下垂等，解除急性胃痛的效果也很明显，对于呕吐、呃逆、嗳气、肠炎、痢疾、便秘、肝炎、胆囊炎、胆结石、肾结石绞痛以及糖尿病、高血压等，也有很好的作用。

所谓"若要安，三里常不干"，是指古代人们治病时经常用艾直接灸，就是把艾炷直接放在穴位上面灸，皮肤上面不放置任何导热的东西。这样灸过几天之后，再吃些中医上讲的"发物"，穴位处就会发灸疮，脓成溃破即能愈合。这样对提高人的自身免疫力有好处，对于那些由于机体免疫力下降导致的慢性疾病效果很好，比如哮喘。但现在人们可能由于害怕疼痛或者怕留疤影响美观而很少使用了。

但是，我们还是可以用艾条来进行艾灸保健，现在，几乎随便进一家药店，只要它里面卖中药，就能买到艾条，非常方便。每星期艾灸足三里穴1～2次，每次灸15～20分钟，艾灸时应让艾条离皮肤大概2厘米或者两指那么高就行，灸到局部的皮肤发红，并缓慢地沿足三里穴上下移动，感觉到疼就移开一些，不要烧伤皮肤就好。

除了艾灸法，还可以经常按揉敲打足三里，一只手或者用一个小按摩锤什么的就可以操作了。每天用大拇指或中指按揉足三里穴5～10分钟，每次按揉尽量要使足三里穴有一种酸胀、发热的感觉。

以前给我们讲课的一个老师说她在学校的国医堂见到一个中医大家，80多岁了还在出诊，闲聊时就问他有什么保健秘诀，结果他笑着说，我不过是每天闲下来时拿小按摩锤敲几十下足三里而已。

以上两种方法只要使用其中的一个，坚持两个星期，就能很好地改善胃肠功能，会感觉吃饭也香了，饭后也不觉得肚子胀肚子疼了，也不便秘了，脸色也变得有光泽了，整个人显得精神焕发，精力充沛。所以民间才有谚语说："拍击足三里，胜吃老母鸡。"

·急性胃痛求梁丘

屈膝，梁丘穴就在大腿前面髂前上棘与髌底外侧端的连线上，髌底上两寸。

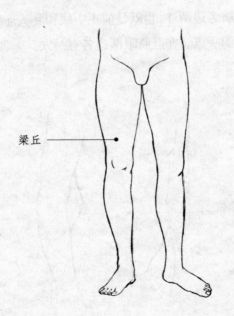

梁丘

梁丘是胃经的"郄穴"，"郄"就是"孔隙"的意思。郄穴经常用来治疗急性病和血证，属于阳经，阳经一般是用来治疗急性病的，而阴经常用来治疗血证。梁丘在治疗急性胃痛胃痉挛方面效果非常好，更是治疗一般胃肠病的常用穴位。

一次我的一位同事在踢足球之后感觉胃疼得很厉害，于是我就单取了一个梁丘，不到两分钟他就万事OK了。用他自己的话说，就是感觉有一种针刺时的那种酸胀感沿着胃经一直向上走到腹部，然后立刻好转。

但是我们不可能随时都把针带在身上，而且没有学过针灸的人也不会扎针。所以点、按、揉梁丘就可以解决这个问题，对像急性胃痉挛这种病就有很好的效果。同时它对胃炎、腹泄、痛经以及膝关节周围的病变和关节炎也挺有用的。还可以每天用艾灸10～20分钟，效果一样好。

·恶心、闹肚子、便秘的克星——天枢

天枢在肚脐旁边两寸，也就是前正中线和乳头连线的中点线上与肚脐平的那一点。在肚脐眼两边各有一穴。

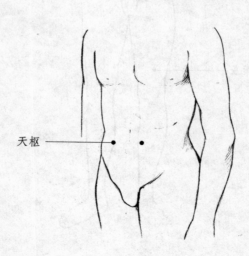

天枢

天枢是大肠的"募穴"。"募穴"就是五脏六腑之气集中在胸腹部的穴位。募穴的分布都在胸腹部，而且大体位置和脏腑所在的部位相对应。因为募穴接近脏腑，所以不论病生在内，或外邪侵犯，都可以在相应的募穴上有异常反应，如压痛、酸胀、过敏等，因此可以根据这些反应来诊断和自疗相应脏腑的疾病。

天枢穴所在的位置从解剖上来讲，刚好对应的是肠道，所以点揉天枢可以增加肠道的良性蠕动，对便秘、消化不良、脐周疼痛、恶心呕吐有很好的作用。还有拉肚子（痢疾），相信大家都知道拉肚子的烦恼，每天要跑无数次厕所，整个人的精神全受影响。但是指压按揉天枢穴会有很好的疗效，力量稍微大一点，按在穴位上并轻轻地旋转，还可以加上艾灸，艾灸天枢可以化湿，两者合用的话功效会更明显。

· 养颜美白太容易——四白穴

四白穴在眼眶下面的凹陷处。就是当你向前平视的时候沿着瞳孔所在直线向下找时，在眼眶下缘稍下方能感觉到一个凹陷，这就是四白穴。

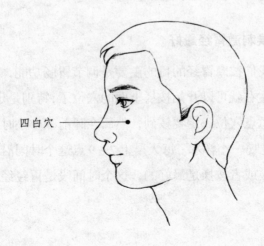

四白穴

四白穴我们叫它"美白穴"或者"养颜穴"，可别小看它，每天坚持用手指按压它，然后轻轻地揉3分钟左右，你会发现脸上的皮肤开始变得细腻，美白的效果非常不错。以前，我的一位老师经常用这个穴来治疗色斑，"效果真是全写在脸上"了。如果再加上指压"人迎"（人迎位于前喉外侧3厘米处，能摸到动脉的搏动在这里），一面吐气一面指压6秒钟，如此重复30次。天天如此，经过一段时间后，脸部血液循环顺畅了，小皱纹就会消失，皮肤自然会有光泽。

另外，因为四白穴在眼的周围，所以坚持每天点揉还能很好地预防眼病，比如眼花、眼睛发酸发胀、青光眼、近视等，还可以祛除眼部的皱纹。

为了提高按摩效果，首先要将双手搓热，然后一边吐气一边用搓热的手掌在眼皮上轻抚，上下左右各6次，再将眼球向左右各转6次。指压能除去眼角皱纹的还有瞳子髎。瞳子髎位于眼眶外缘1厘米处，一面吐气一面按压6秒钟，如此重复6次。此外，还可以通过全脸按摩去除眼角皱纹。除眼肿的方法则是用冷水在眼睛附近轻轻拍打。这些方法和指压法配合运用，美容效果更好，还可以和睛明、丝竹空、鱼腰这些穴一起用。

·什么时候刺激胃经最好

因为我们按摩胃经的目的主要是调节胃肠功能，所以饭后一个小时左右就可以开始按揉上面的穴位了，特别是足三里、天枢这几个重点穴位一定要按到，然后在睡前一个小时左右灸一会儿，灸过喝一小杯水。每天早上7～9点这个时间沿着胃经的循行进行敲或者按揉是最好的，这个时间段是胃经经气最旺的时候。

·胃经应该这样按揉

　　还是中医常说的那句话，"宁失其穴勿失其经"，我们在揉胃经的时候一定要想着这句话，不是说要把这条经的每一个穴位都揉到，我们的目的是刺激整条经络。所以经络的循行一定要清楚，刚开始可以看着书上的循行图来做，几次之后就可以随心所欲了。

　　脸上的穴位可以用中指的指头来揉，重点穴位揉上1分钟左右，使穴位局部产生酸胀的感觉。然后顺着经络往下走，不用停，到了脖子上和胸部、肚子上时就用食指和中指并到一块儿来揉，不用追求那种酸胀感，但是一定要按到皮下面的肌肉上，要不然就成摩皮了。到了天枢的时候就用大拇指来揉，力量要稍微大一点，但不能感觉到疼。到腿上时两只手对换一下，拇指和其他四指分开，左手握右腿，右手握左腿，大拇指用力，其他九个指头不动，这样一直往下揉。到梁丘和足三里的时候力量加大，使穴位局部产生酸胀感，揉完之后再反复做两遍就行了。也可以先在经的循行线路上不停地揉，等整条经揉了两遍之后再揉那些比较重要的穴位。

肺和大肠的保护神——手阳明大肠经

　　气血是维持生命活动的基础，《黄帝内经》上说："阳明经多气多血。"手阳明大肠经与足阳明胃经络属的肠胃是人消化、吸收以及排出废物的器官。人的体质由先天和后天决定，先天部分是遗传于父母的，我们无法改变，后天部分就来源于我们的食物，而肠胃消化吸收功能正常，体内生成的气血充足，抵抗疾病的能力自然会增强；胃肠排泄功能正常，体内产生的垃圾能够及时排

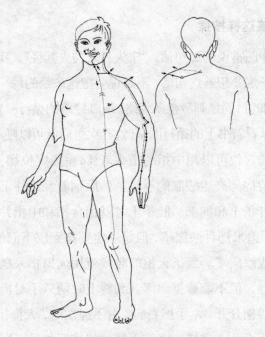

手阳明大肠经循行图

出，不在体内堆积，那么由内在性原因产生的疾病自然会减少。所以阳明经是人体重要的经络，大家平时一定要注意疏通手足阳明经的气血。

·潜伏在大肠经上的疾病

大肠经起自食指桡侧（挨着拇指的一侧）顶端，沿着食指桡侧上行，经过第一、二掌骨（食指拇指延伸到手掌的部分）之间，进入两筋（翘起拇指出现的两条明显的肌腱）之中，向上沿前臂桡侧进入肘外侧（曲池），再沿上臂前外侧上行，至肩部（向后与脊柱上的大椎穴相交，然后向下进入锁骨上窝，络肺脏，通过膈肌，属大肠）。

其分支从锁骨上窝走向颈部，通过面颊，进入下齿槽，回过来夹口唇两旁，在人中处左右交叉，上夹鼻孔两旁（迎香）。

大肠经发生病变时，主要表现为以下疾病：

上身部位病：经络"不通则痛"，所以手阳明大肠经气血不通畅会导致食指、手背、上肢、后肩等经络路线上的疼痛和酸、胀、麻等不舒服的感觉。

五官病：从上面经络循行可以看出，手阳明大肠经跟面部、下齿、鼻子等关系密切，所以气血有热也就是平时咱们说的"上火"时，会有眼睛发黄、口发干，眼睛干涩，流涕或鼻出血，牙龈肿痛或者咽喉肿痛等一系列症状。

说这些是为了让大家知道，出现上面说的不舒服时要想到是不是大肠经出问题了，不要遇到牙痛、鼻出血就想到上火，然后就是一堆牛黄清心丸、三黄片之类的，要想想原因，然后再针对性治疗。"庸医杀人不用刀"，就是因为不辨原因乱投药。要关心自己的身体，不要当自己的庸医，否则跟慢性自杀有什么区别？

神医华佗大家都知道。一次，有两人一块儿来找他看病，一人叫李延，一个叫倪寻，二人都是头痛发烧。华佗分别诊断了病情，发现二人虽然症状相像，但病因不同，就给倪寻吃了泻药，给李延吃了发散的药。当时有人就问华佗：二人害同样的病，服的药却不同，是何道理？华佗说：倪寻是伤食（吃多了），李延是外感（着凉），病症虽同但病因各异，所以要吃不同的药。二人服药后，第二天病都好了。同病异治，所以对症下药，这是华佗的独到之处，也是中医的精华所在。

·与大肠经相依为命的是肺、大肠及五官

有句话叫"循行所过，主治所及"，就是说经从哪儿过就能治哪儿的病，从上面的循行路线可以看出，与手阳明大肠经关系

密切的内脏有肺和大肠，所以疏通此经气血可以预防和治疗呼吸系统和消化系统的疾病。虽然，肺和大肠看起来是风马牛不相及的两个内脏，其实它们通过大肠经互相联系，互相影响。日常生活中人们常常出现这样一些症状，嗓子哑了或者咽喉肿痛，同时还有便秘。不知道经络奥秘的人是不会把这两个症状联系到一块儿的，其实这是大肠之火通过经络上传到跟肺相连的咽喉引起的，大便通畅了，嗓子自然也会好了。这在中医里面叫做"金实不鸣"，因为五行里面肺和大肠都属金。

另外，跟手阳明大肠经关系密切的五官有：脸、下牙、鼻子。我遇到一些脸上有痤疮的人，通常会先问他们是不是爱便秘，因为大便不通，体内的垃圾就会堆积，人体是有自我清扫功能的，这些毒素总要通过一些途径排出体外，这样与大肠经关系密切的地方就成了体内之毒的首选，于是人会长痤疮、雀斑、酒糟鼻，甚至会下牙痛。而提起牙痛我是深受其苦，几乎各种方法都试过，止疼药、含花椒、含醋……后来看到中医书上的一句话："面口合谷收。"于是试着按压合谷穴，效果真的很明显，几乎就是在按下去的同时就能感觉到疼痛的减轻，所以这些算是小窍门的东西，我们一定要掌握。

·按摩大肠经可以驱除身体里的"邪"

我们说大肠经属于大肠，络于肺，再说得通俗一点，大肠和它的关系比其他器官都紧密，大肠经的经气足、气血充盛了，就能更好地给大肠提供营养，大肠的功能正常，才能把它感染的病邪"驱逐出境"。我们这里说的"邪"其实就是通指一切不正常的东西。

怎样才知道是不是大肠经出现问题了呢？这就用到前面提过的经络诊断作用。简单的操作方法有循经按压或者按压穴位，看看在穴位上有没有压痛和与平时不一样的感觉。所以说，平时多按揉不但能保健，还能预知疾病。下面介绍几个大肠经的常用穴。

· 收面口疾病的手神——合谷（虎口）

合谷又称虎口，它的位置很好找：用另一只手的拇指第一个关节横纹正对虎口边，拇指屈曲按下，指尖所指处就是合谷穴；或者食指拇指并拢，肌肉最高点即是。

合谷是手阳明大肠经的原穴，也就是人体原气经过和留止的部位，按揉此穴可增强身体的抵抗能力。古人就经常用它来治疗头面部的疾病，有"面口合谷收"之说。治疗现在秋冬季节常见的面瘫，合谷是必取之穴。对我们的日常生活中的很多疾病也很有用：

（1）止痛。因为这个穴位经气旺盛，止痛效果很好，可以治疗牙龈肿痛、头痛以及咽喉类、扁桃体炎引起的咽喉肿痛等。另外，因为"同气相求"，也就是说大肠经和胃经都是阳明经气，所以古代文献记载合谷还可以治胃疼。此外，现在生活、工作压力增大，女性痛经现象越来越普遍，"气为血之帅"，行气可以活血，所以有痛经烦恼的女士可以试试，这个穴位很好找，又因为在手

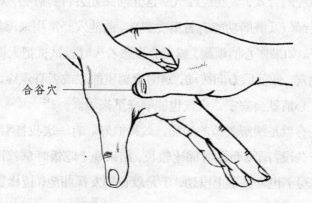

合谷穴

上，按起来很方便，同时还可以加按三阴交穴等。

（2）预防和治疗感冒。合谷穴作为手阳明经的原穴，有宣通气血，促使阳气之升发而奏扶正祛邪之功效，可以提高人体免疫力，治疗和预防感冒等外感病。特别提出的是，怀孕的准妈妈们和小宝宝们感冒了不能吃药，但按摩合谷穴就挺管用。网上有很多这方面的留言，我看过这样一则：怀孕的时候感冒了不能吃药，医生教了我一招，用右手的拇指按摩左手合谷穴，左手拇指按摩右手合谷穴，每次按100下，每天按摩三次。我照做了以后发现挺管用的，鼻子很快就通气了。后来我发现我小孩有感冒的症状，我就会给他按摩按摩合谷穴……另外，妈妈感冒了，怕传染给小孩，也可以按摩小孩的合谷穴，以增强他的抵抗力，如果是着凉受寒或者受风了，还可以加上翳风和风池、风府等穴位。

出现以上情况时，可以用大拇指按压或者按揉双合谷穴（力量的大小以自己能接受为度），加用艾灸效果更好。

·让心情安逸的曲池

曲池在曲肘关节外，肘横纹外侧端。

先看一下这个穴位的名字，曲，弯曲，指曲肘时取穴；池，水停聚的地方，好像江河之水在这儿汇聚入海一样。本穴是手阳明大肠经的合穴，大肠经经气从这儿向深处会合到脏腑，对调节阳明经经气及脏腑功能有着重要意义。曲池穴经常用来泻热，效果很好。如果你心情烦躁，感觉心里憋着火时就试试把大拇指按在曲池穴，做前后方向拨动，这时会感觉酸胀或者有点疼，不一会儿，心情就会安宁，火气也能够降下来了。

还有就是缓解关节的酸痛，效果很好。有一次我打羽毛球，因为好久没打了，玩的时间比较长，结果晚上吃饭时拿着筷子都哆嗦，写字也感觉手上没劲，于是就让朋友揉曲池，边揉边屈伸

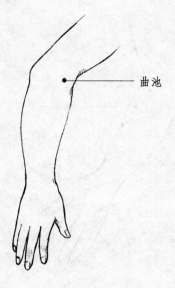

曲池

肘关节，很快胳膊的酸沉感就减退了，我自己都没有想到会有那么好的效果。

有高血压、高血糖的中老年人每天点揉此穴对控制血压、血糖也很有帮助。其实要治好这些病不见得就是让西药把你的血压血糖降到正常值以内，关键是怎么让它保持在一个比较稳定的范围内，这样我们的身体就能适应这个范围，然后身体就能重新达到一个平衡。所以这种情况下按揉穴位就特别需要坚持，虽然用不了多长时间就能够见效，但是"见好就收"还是不行的。

·上肢疲劳、酸痛就去找手三里

翘起大拇指，两肌腱中间为阳溪穴。手三里在阳溪穴与曲池穴的连线上，在曲池下约三横指。

手三里穴对缓解上肢疲劳、酸痛特别有效。我曾经有位平时不怎么运动的朋友，一天心血来潮出去锻炼，回来后就叫苦连天，胳膊又酸又疼，要我帮她放松。当我按到手三里穴时她说"特别

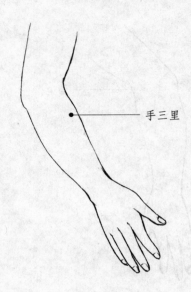

手三里

酸，但是很舒服"。后来我发现上肢受伤或者酸痛、疲乏时，按揉这个穴位马上可以很好地缓解。另外，弹拨手三里对颈椎病压迫神经引起的上肢麻木也有治疗作用。

此外，本来合谷穴是最能有效治牙痛的，但是如果效果不好时，可在合谷穴与手三里之间，一边按压一边找最能抑制疼痛的压痛点，穴位里面有"阿是穴"，也有"反阿是穴"，按压这种压痛点马上见效。

·鼻炎和鼻塞寻迎香

此穴在鼻翼外缘中点，就是挨着鼻孔旁边的地方。

其实，一看穴名就应该知道它能通鼻子，古人给它起这个名字就是因为鼻子不通时不闻香臭，什么味都闻不出来，结果按了它以后发现能闻见香味了，所以就叫它"迎香"。

迎香穴可以说是治疗鼻塞的特效穴。遇到感冒引起的鼻塞、流涕，或者过敏性鼻炎时，按摩两侧的迎香穴一两分钟，症状可

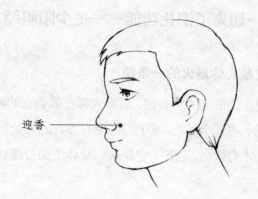

迎香

以立刻缓解，也可以加上鼻子周围的穴位，比如印堂。但是对印堂穴，光按是没有用的，要用中指的指肚按在印堂穴上，稍微用力按压，然后慢慢地向上推。如此几次反复刺激，鼻塞就能消除了。当然刺激位于脖子后面的风池穴也非常好。

连续喷嚏不止的，可以用力压迎香穴直到发酸为止，放开后再压，重复直到不打为止。还有人说便秘时也可以先揉两边的迎香穴两三分钟，然后就会有便意，不过我觉得治疗便秘还是应该加上两边的天枢穴。

·什么时候敲大肠经最好

大肠经很好找，您只要把左手自然下垂，右手过来敲左臂，一敲就是大肠经。敲时有酸胀的感觉，敲到曲池穴时多敲一会儿，曲池穴就在大肠经上肘横纹尽头的地方。

什么时候按摩大肠经比较好？气血的循行在十二时辰里面各有旺衰，大肠经对应卯时，也就是早上的5～7点按摩大肠经最好，一般有早起习惯的人可以做到，如果没有早起的习惯，那就往下推12个时辰，在同名经经气旺的时候进行按摩，也就是足阳明胃经旺时，辰时，也就是上午7～9点，这就是所谓的"同气相求"嘛。

一切为了消化功能——足少阳胆经

·胆经现在是人体最火的一条经

胆经现在是很火的一条经，很多人都在强调它的好处，敲胆经也几乎成了"万金油"。至于敲胆经有多大的好处，只有那些坚持做的人才有体会，起码，它是我们身体上循行路线最长的一

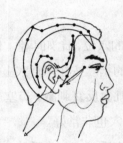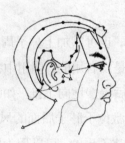

足少阳胆经循行图 1

条经络，沿着经络循行刺激肯定能够改善气血的运行，至于采用什么方法，点穴或者按揉或者敲打，那只是刺激方式的不同和刺激量的大小不同罢了，结果都是一样的。

胆经走在我们身体的两个侧面，从头到脖子，再下行至腰、腿、足。

·胆经上容易冒出的毛病

胆经出现问题会怎样呢？口苦、喜欢唉声叹气、心胁痛不能转身、脸像蒙了一层薄薄的灰尘、皮肤无光泽、脚面外侧发热，还会头痛、腮痛、脖子下锁骨窝中肿痛、腋窝肿、大脖子病、出汗打寒颤，胸、胁、肋、大腿外侧、膝和小腿外侧、外踝前及各关节都痛，足小趾、次趾不能活动。

·敲胆经别只敲一半

　　前面我说胆经现在是人体最火的一条经，很大一部分原因是因为一部叫《人体使用手册》的书，书里强调只需敲大腿部分的循行和那几个穴位，就能起到日常保健的作用。但是我们要知道，我们的经络是一条连贯的循行线，不是一截一截的，就像树干一样，你能说树根比树中间或者比树丫更重要吗？所以我觉得敲胆经不应该只敲某些部位。

　　以前在医院实习的时候，我的老师治疗过一个整条腿都发麻的病人，很明显，按中医理论来解释他就是气血不通了。这位老师的治疗方法很特别，他从上往下开始扎针，结果病人的麻木感就一点一点往下赶，最后只剩一小截，这样治疗了一段时间后症状就彻底消除了。

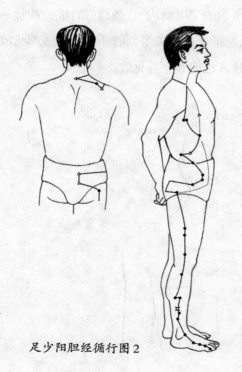

足少阳胆经循行图2

如果我们只管大腿以上，好，大腿没事了，小腿整天麻，那还能走路吗？这就像通管道一样，要一点一点通，但是一定要有个整体的目标，要不然上面通了，下面还堵着，那还不污水到处流啊！

足少阳胆经的最佳刺激时间是什么时候呢？胆经的气血在子时最旺，也就是晚上23点到凌晨1点，这个时候是阴阳转换的时候，阴气最重，阳气刚开始生，所以如果能在这个时候敲胆经最好。而没有晚睡习惯的人可以退而求其次，在三焦经经气旺时敲揉，就是晚上21~23点。

·把颈肩弄舒服——肩井穴的好处

肩井穴在肩关节和脖子边缘的中点处，按压的时候感觉很疼，但是按揉这个穴位能够很好地缓解肩关节的紧张和肌肉僵硬等感觉。现在好多人有所谓的"电脑病"、颈肩综合症，按揉一下肩井穴就能很快缓解，它能把从肩关节到脖子的那条线都给放松了。牙疼时，按压肩井穴也能够立马见效。

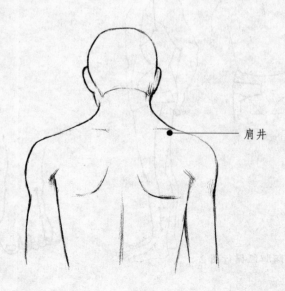

肩井

· 慢性胆囊炎怕什么——阳陵泉说

胆经有 44 个穴位，防止和治疗范围也不仅仅是局限在胆囊本身的疾病上。请大家一定注意，在膝关节以下的循行中，有一个穴叫阳陵泉，是相当重要的一个穴位，古书里讲它叫"筋会阳陵"，而筋主关节的运动，所以身体的运动，尤其是膝关节运动

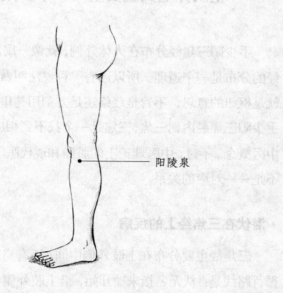

阳陵泉

有障碍时一定要揉这个穴。如何找呢？我们的小腿里面有两根骨头，里面的一根叫胫骨，外面的叫腓骨，从膝关节外侧往下找，我们能感觉到有一个骨头凸起，这叫腓骨小头，在腓骨小头的前下方一个横拇指的地方就是阳陵泉。每天一定要抽时间多揉揉它，可以使膝关节更灵活。有些人有慢性胆囊炎，除了少吃油腻的东西外，一定要坚持每天揉阳陵泉和阳陵泉下一寸处叫胆囊点的地方，这样就能很好地预防慢性胆囊炎的复发，或者降低复发的机率了。

还有就是，患有慢性胃炎，老是泛酸、吐酸水的朋友，可以按揉阳陵泉，刺激时，要一面吐气一面压8秒钟，如此重复10次，

会很快治酸，不会打酸嗝，这时还可以加按任脉的中脘和胃经的足三里，效果更好。

坚决捍卫头脑安全——手少阳三焦经

手少阳三焦经分布在人体外侧，就像一扇门的门轴，这和胆经的分布是一个道理。所以还有一种说法叫做"少阳为枢"，也就是枢纽的意思，不管是经络还是方剂用药里面都有这种说法。手少阳三焦经内属三焦，三焦是一个找不到相应脏腑来对应的纯中医概念。不过，中医理论上的脏腑和现代医学上的脏腑本来就不是一一对应的关系。

·潜伏在三焦经上的疾病

三焦经主要分布在上肢外侧中间，还有肩部和侧头部。它的循行路线是：从无名指末端开始，沿上肢外侧中线上行至肩，在第七颈椎处交会，向前进入缺盆，络于心包，通过膈肌。其支脉从胸上行，出于缺盆，上走颈外侧，从耳下绕到耳后，经耳上角，然后屈曲向下到面颊，直达眼眶下部。另一支脉，从耳后入耳中，出走耳前，与前脉交叉于面部，到达外眼角。

简单说，三焦经就是手臂外侧靠无名指那一条线，它还有一个名字叫"耳脉"，因为这条经绕着耳朵转了大半圈，所以耳朵的疾患可以说是通治了，像什么耳聋、耳鸣、耳痛都可刺激本经穴位得到缓解。敲的时候也是必须有酸痛的感觉才好，这样，不仅能调节全身体液循环、增强免疫力，还能刺激大脑皮层、放松神经，改善头痛、目痛、咽喉痛、出汗等身体不适症状。

另外，三焦经的终止点叫丝竹空，正好在我们长鱼尾纹的地方，而且这个地方很多女士最易长斑，所以敲三焦经可以防止长斑并减少鱼尾纹。

·怎样使用人体的三焦经

第一，循经按揉或敲击。前面我们说手足阳明经的时候可能还好解释一些，毕竟这两条经所联系的脏腑我们都知道，但是三焦确实是看不到摸不着的一个东西，我们怎么理解三焦经呢？我觉得可以从两个方面来讲：三焦经所治的这些病基本上都是经络循行所过的地方的一些病，"经络所过，主治所及"，这很好理解；另一方面，三焦经属于少阳经，前面说了，少阳主枢，是门轴，不管是外面的东西要进去还是里面的东西要出来都得经过门，都得转门轴，所以三焦经也能用在其他一些病的治疗和预防当中，

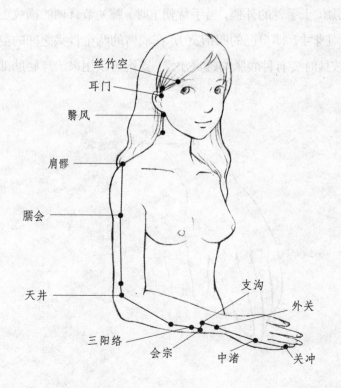

丝竹空
耳门
翳风
肩髎
臑会
天井
三阳络
会宗
中渚
支沟
外关
关冲

比如说便秘用支沟，本来这是大肠的事儿，大肠是阳明啊，在治疾病的过程中因为阳明比少阳靠里，所以这就是把"坏人"从里往外推的过程，当然就得转轴开门了。

什么时候揉三焦经最好呢？手少阳三焦经的气血在亥时达到顶峰，也就是晚上21～23点，这时候不管是工作还是休息的人都会犯困，所以选择这个时间段按揉对全身都有很好的保健作用。

第二，重点穴位的按揉。三焦经在针灸临床上的应用一般以治疗发热、外感风寒或者面瘫以及耳聋耳鸣等比较常见。但是在自我保健中应用不及临床上那么多和广，但大家常用几个重点穴位如支沟、肩髎、翳风、耳门等就足以保证这条经及所属部位的健康了。

·便秘、两肋痛、耳鸣、耳聋使用支沟穴

支沟位于手臂的外侧，当手背朝上时，腕关节背侧的横纹上三寸（同身寸，即自己的四指宽），在前臂的两个骨头之间的空隙中。按揉时要有种酸胀的感觉才好。支沟可以用来治疗胁肋部

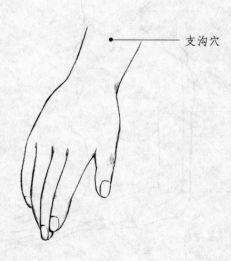

支沟穴

的疼痛，因为胁肋在理论上属少阳经的"势力范围"。配上其他穴位还可以治疗多种原因引起的便秘、落枕，因为一般情况下自身点、按的刺激量不如针刺的效果，所以同时要配上其他的穴位进行刺激，比如落枕时，配上经外奇穴"落枕点"；便秘时，可以配上天枢、气海、照海、丰隆、足三里等。

·肩痛不举找肩髎

肩髎位于肩关节的后方，当胳膊向外展开时在肩部前后各有一个"小窝"，后面那个位置就相当于肩髎的位置。它主要用来治疗肩周炎，《针灸甲乙经》上面记载说："肩重不举，臂痛，肩髎主之。"可见它治肩病的历史有多悠久了。知道了穴位的主治和位置后自己每天就可以花5分钟进行按揉，双手一定交替进行，因为即使只有一侧患病，这样交替进行的同时也是对肩关节功能活动的一个锻炼。

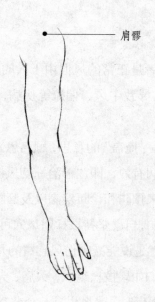

肩髎

·善祛"风疾"的翳风穴

　　翳风这个穴，一看名字就知道和中医的"风"有关，中医上讲的"风"分为"内风"和"外风"。"内风"多是由于人体阴阳不协调、阳气不能内敛而生，而且多为"肝阳上亢"，动则生风，导致"肝风内动"而发生突然昏倒，相当于西医中的突发脑血管病。而"外风"则是由于外界即自然界的不合乎正常

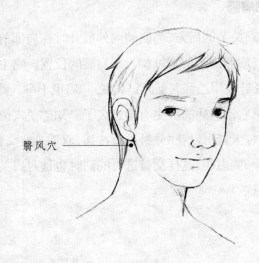

翳风穴

　　时节的风，或者是正常的风但由于人的体质弱、免疫力下降致病。"内风"常导致中风、偏瘫等疾病，"外风"则易导致伤风感冒。

　　翳有"遮盖、掩盖"的意思，顾名思义，翳风能够对一切"邪风"导致的疾病有效，即"善治一切风疾"。它不但可以用来治疗，还可以用来预防和诊断疾病以及判断病情的加重与否。

　　首先说预防，自己坚持按揉翳风穴可以增加身体对外感风寒的抵抗力，也就是说能减少伤风感冒的几率。再说治疗，在受了风寒感冒后我们如果按揉翳风，头痛、头昏、鼻塞等症状一会儿就没了。治疗面瘫时，翳风也是一个非常重要的穴位，不管是中

枢性面瘫还是周围性的面瘫，都可以拿来用。

还有就是判断病情。有人研究过，周围性面瘫发作前在翳风穴上有压痛，好多人一觉醒来之后发现嘴歪了，或者是前一天晚上睡觉时一直吹风扇，第二天早上刷牙时发现嘴角漏水，照镜一看，嘴歪眼斜，这时你会发现在翳风穴确实存在压痛。而且在治疗几天后，如果用同样的力量来按压穴位，如果感觉疼痛减轻，病情一般较轻，反之，则病情较重。

作为日常的保健常识，当我们从外面的风天雪地里回到屋子里面后，一定要先按揉翳风3分钟。另外，天热时一定不要让后脑勺一直对着空调或电风扇吹，因为这样后患无穷。

那么，如何确定它的位置呢？翳风书上是这样定位的：正坐，侧伏或侧卧。从耳后突起的高骨向下摸，到耳垂后面，在下颌骨的后面的凹陷处就是了。向前按时有一种酸胀的感觉能够传到舌根。

·耳鸣耳聋按耳门

耳门穴就在我们所说的"耳朵眼"前面，听宫穴的上方，张嘴时能够在耳朵前方摸到一个凹陷，就在这个位置。它在临床和生活中主要用来治疗各种耳病，如耳鸣、耳聋等等，进行按揉时要一压一放，不能用力太大。

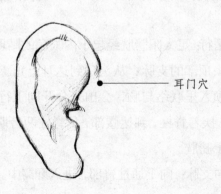

耳门穴

运行人体宝贵体液的水官——足太阳膀胱经

·潜伏在膀胱经上的疾病

足太阳膀胱经起于内眼角的睛明穴，止于足小趾尖的至阴穴，循行经过头、颈、背部、腿足部，左右对称，每侧67个穴位，是十四经中穴位最多的一条经。共有一条主线，三条分支。

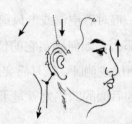

足太阳膀胱经循行图 1

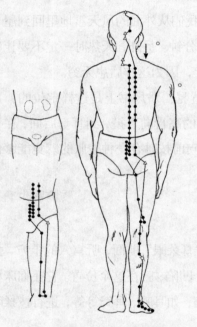
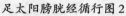

足太阳膀胱经循行图 2　　　足太阳膀胱经循行图 3

经脉循行：足太阳膀胱经起于内眼角的睛明穴，上前额交会于头顶。头顶部的支脉：从头顶到达耳上角。头顶的直行的经脉：从头顶入里联络与脑，会出来分开向下行于颈后，沿着肩胛骨内侧，挟着脊柱，到达腰部，从脊柱两旁肌肉进入体腔，联络肾，属于膀胱。

腰部的支脉：向下通过臀部，进入腘窝中。后项的支脉：通过肩胛骨的内缘直下，经过臀部向下行，沿着大腿后外侧，与腰部下来的支脉会合于腘窝中，从此向下经过小腿后侧，出外踝的后面，沿着第五跖骨至小趾外侧端，与足少阴肾经相连。

《黄帝内经》上说，膀胱经有问题人会发热，穿厚衣服也觉得冷，流鼻涕，头痛，项背僵硬疼痛；眼珠疼痛得好像要脱出一样，颈项好像被人拉拔一样难受，腰好像要折断一样疼痛，膝弯部位好像结扎一样不能弯曲，小腿肚像撕裂一样疼痛，股关节屈伸不灵活；癫痫、狂证、痔疮都发作了；而膀胱经所经过部位都会疼痛，足小趾更不能随意运动。

膀胱经大部在背后，自己一般情况下够不到。所以我建议大家找一个类似擀面杖的东西放在背部，上下滚动以刺激相关俞穴，疏通经气，同时还能对整个背部的肌肉等软组织进行放松。当然在背部脊柱两旁进行走罐是最好了，可以对感冒、失眠、背部酸痛有很好的疗效。尤其是失眠，效果非常明显。还有头部，循经进行轻揉或者用手像梳头似的进行刺激，对头昏脑胀也有很好的缓解作用。

除了对背部和头部的按揉梳理外，还可以对腿部的循行进行按揉，因为膀胱经的循行深层解剖有坐骨神经，所以沿经进行按揉（当然要加力，因为大腿的肌肉很丰厚），可以缓解坐骨神经疼和腰椎间盘突出压迫神经所致的腿部疼痛、麻木等症状。

·按揉膀胱经的好处

膀胱经的有效范围很广，不仅仅是因为它属于膀胱以及与其他脏腑有联系，更多的是因为它的循行路线。它在后背上有两条直线，线上分布着所有背俞穴，这些穴和脏腑本身的分布位置相对应，是脏腑器官的反应点，就像现在耳穴足疗的反射区一样，调节脏腑的作用很好。脏腑的功能好了那还有什么病不能治疗好呢？我们说了，中医看病时没有说一个病是孤零零的，都是和相关脏腑的功能异常有关的，所以膀胱经才显得这么重要。

我邻居家有一个小孩，十一二岁，发烧、咳嗽、咯黄痰，在西医那里打针输液都不管用，家长很着急，请我过去看看。我发现那小孩很奇怪，他咳嗽时，家长帮他拍背，他老躲开。我撩起他后背的衣服一看，在右侧膀胱经的肺俞穴上鼓出来一个小结节，我一碰那小结节，他就疼得又躲又叫。后来我就帮他推后背膀胱经，推得后背微微发红、身体微微出汗后，再按揉那小结节，先轻后重，直到把它揉开。第二天，小孩烧退了，咳嗽也轻了。我嘱咐他喝粥调理，注意保暖和休息，几天后他就痊愈了。

那什么时候刺激膀胱经最好呢？足太阳膀胱经的气血申时最旺，即下午15～17点，这时如果能按摩一下，把气血给疏通了，对人体是很有保健作用的。

·睛明也能治打嗝

睛明穴位于内眼角稍靠上的凹陷处，是治疗眼病和呃逆（俗称打嗝）的常用穴。在针灸临床上此穴属于危险穴位，但确实是有效神穴。在自我保健中我们可以用双手同时按压双穴，缓解眼睛疲劳。而长时间低头看书或者盯着电脑工作的人，经常会感到眼睛发胀、怕见光，这时就应该暂时放下手中的活计双手点按睛明穴，向内上方用力，会感觉到整个眼睛都酸胀，或者还有点发痛，不要怕，这种效果是最好的。然后持续点压或者一松一压此穴1～2分钟，眼睛会很快舒服。

说到打嗝，很多人都有这个体会，打起来不光尴尬还很痛苦。排除那些胃部有病的人不说，有些人是因为刚从屋里面出来，受了点寒气，被风一吹就开始打了，有的人能整天都停不了，感觉整个人都要崩溃了。治疗方法当然有很多，比如喝点温水，或者

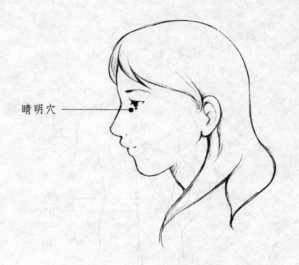

晴明穴 ————

转移一下注意力，或者是按揉耳穴上面的"胃、膈"反射区。其实这个时候最好去按压晴明穴，双手拇指加大力气点按穴位，使其产生强烈的酸胀感。还有一种情况：有些危重病人会有打嗝情况，怎么都止不住，常被误认为是在"倒气"。这时候，如果按照上述方法刺激晴明穴，就会收到意想不到的效果。

·痛经腰疼擦八髎

八髎穴，就是上髎、次髎，中髎、下髎几个穴的统称。其中次髎是用来治疗腰痛和痛经的特效穴，尤其是痛经，效果很好。如果没有办法针刺或者不懂自己如何点揉，一般就采用横擦的办法，就是用手掌隔着衣服横向地来回摩擦，直到那种热感直透过皮肤，这几乎是治疗痛经的必用办法，就是在医院也这么用，效果非常好。

·腰背不舒服委中求

委中穴位于膝关节后侧，也就是腘窝处，腿屈曲时腘窝横纹

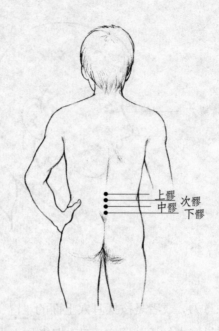

上髎　次髎
中髎　下髎

的中点，是治疗腰痛的要穴。针灸的"四总穴歌"里说"腰背委中求"，就是说腰背处的所有疾病和不舒服等要向委中处寻找，在保健时要点按。

在操作时可以一点一放，同时配合腿部的屈伸，不但对腰痛有很好的止痛作用，还可以治疗腿部的酸胀、膝关节周围的软组织病以及下肢的一些病症，比如下肢腿软无力，还可用于中风偏瘫后遗症的护理。

·小腿抽筋点承山

承山穴位于小腿的后方正中线上，当提脚尖时能看到或摸到小腿后方肌肉的交角凹陷处，如下图所示。

承山穴在运用上主要用来治疗痔疮和缓解肌肉疲劳以及腰痛等，对便秘也有一定的效果，尤其对治疗登山或长时间运动之后产生的小腿酸困、抽筋效果很好。这个穴位找起来比较方便，顺

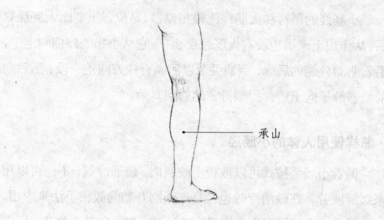

承山

着小腿后面往下推，肌肉变薄处或者感觉到一个尖儿的地方就是。在进行点按时小腿会感到酸胀或者疼，但点完之后效果很好，如俗话说的"腿肚转筋"能很快地缓解。运用时手指的力应该缓慢增加，不能一开始就用很大的力，否则容易造成损伤。另外在辅助治疗痔疮等病时力量不需要太大，应该进行常规的点按和揉，同时配合提肛运动，如果坚持每天做上一次，配合提肛运动100～150次，对治痔疮很有好处。

宁心安神、舒筋活络的关键——手太阳小肠经

·小肠经是一条什么样的经

小肠经与手少阴心经相表里，临床上经常用泻小肠火来去心火，因为中医上讲"小肠主液"，心火也经常下移小肠，比如口舌生疮，舌尖红痛，就可以用利小便的方法来治疗，这个时候泡一点竹叶喝，或者再加一点冰糖，热就能从小便导出来了。

小肠经的循行和大肠经比较相似，只是位置上要比大肠经靠后，从作用上来讲也没有大肠经那么广。它从小指的外侧向上走，沿着胳膊外侧的后缘，到肩关节以后向脊柱方向走一段，然后向前沿着脖子向上走，到颧骨，然后到耳朵。

·怎样使用人体的小肠经

循着小肠经按揉可以放松上肢肌肉，疏通经气，不但可以用来缓解疲劳，在做治疗时也经常作为刚开始的放松手法来应用。

另外，小肠经因为它的循行跨过腕、肘、肩三个关节，所以在操作时对关节两侧的穴位进行点按，可以对关节的屈伸不利和周围软组织疾病有较好的辅助治疗作用。

手太阳小肠经经气旺在未时，也就是下午13～15点，这时阳气开始下降，阴气开始上升，此时是按揉的最佳时间。

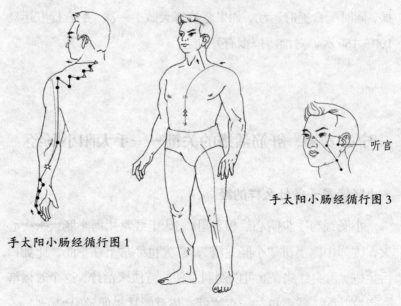

手太阳小肠经循行图1

手太阳小肠经循行图2

听宫

手太阳小肠经循行图3

·急性腰疼点后溪

在手掌小指侧，微握拳，当小指近手掌那节（第五掌指关节）后的远侧掌横纹头赤白肉际，即手掌和手背交界的地方，手的外侧方。

后溪是治急性腰扭伤的特效穴。当腰扭伤、疼痛在脊柱两侧时点揉的效果尤为显著。但是在自我保健时，它除了可以作为治疗腰痛的主要穴位来按揉以外，还有一点经常被大家忽视，那就

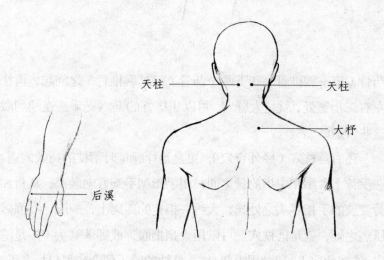

天柱

天柱

大杼

后溪

是它的止痛作用。把拇指或者食指、中指屈起来，用关节抵住后溪穴，然后加力，边加力边进行轻微的旋揉，止痛效果相当明显。落枕时也可以这样做，僵硬的脖子一会儿就好了。同样按揉天柱穴、大杼穴、大椎穴、完骨穴、肩井穴也能马上见效。

这里我仅向大家介绍其中的天柱穴、大杼穴的找法：先摸到枕部最突出之处（枕外粗隆），再往下摸，则有凹陷。这就是我们所说的"后颈窝"，天柱穴就在后颈窝往下2厘米处，脖子两侧直向筋肉的外缘上，一压，会有强痛；脖子往前倾，从枕部往脖子后侧摸，颈项底部有大块凸骨（第七颈椎骨）。从它的下一个

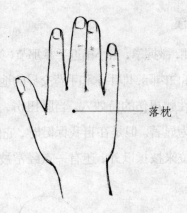

落枕

人体经络使用手册

凸骨（第一胸椎骨）和下两个凸骨（第二胸椎骨）之间起，再往左右二指宽处，就是大杼穴。可以用绑好的五六支牙签连续刺激这些穴道。

还有落枕穴（经外奇穴），更是治疗睡觉时落枕的特效穴道。在手背上食指和中指的骨之间，用手指朝手腕方向触摸，从骨和骨变狭的手指尽头之处起，大约一指宽的距离上，一压，有强烈压痛之处，就是落枕穴。可以用食指指腹，或圆珠笔头（不是笔尖）按在此穴上，稍微用力刺激它，落枕的脖子便会变得轻松多了。

·小指发麻拨小海

小海穴位于肘关节外侧。取穴时屈肘抬臂位，在尺骨鹰嘴与肱肌内上髁之间取穴。这时，用手指弹敲该部时有股电麻感直达小指。

小海穴除了可以治疗肘关节及其周围软组织疾病外，还可以治疗上肢麻木，尤其是小指麻木。因为该穴位的深层解剖为尺神经沟，有尺神经经过，而尺神经支配小指的感觉。有报道说，刺激小海穴可使肠道的迷走神经过敏现象减轻，所以可用来辅助治疗过敏性结肠炎。在保健运用时以按揉为主，但是在治疗颈椎病

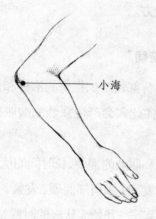

小海

压迫神经所致的小指麻木时，应该加上拨动，使麻感传到小指。

·肩周炎的必用穴——肩贞

　　小肠经还有一个名字叫"肩脉"，一听这个名字就知道它是管肩膀的。里面的肩贞穴就是专治肩关节周围炎的。它位于肩关节的后面，自然下垂手臂时，手贴近身体，在腋后线头向上一寸（同身寸）处。操作时胳膊稍向上抬起，另一手从腋下穿过向上用中指点揉；或者另一手从前面经过，手掌掌根放在肩关节的正

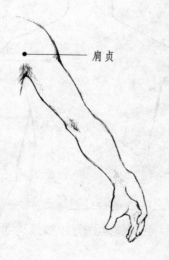

肩贞

上方，中指到达的地方。

·天宗穴能治"电脑病"

天宗穴在进行肩背部软组织损伤的治疗和保健中可以说是必用的穴位。点、按、揉此穴会产生强烈的酸胀感，可以放松整个肩部的肌肉。

随着电脑的普及和职业的需要，长时间的伏案工作或电脑操作会让人觉得整个身体发困，颈肩部僵硬、发紧，也就是现在经常被人提起的"颈肩综合症"。一开始症状轻的时候站起身活动一下，很快就能恢复如常，但日渐加重，先是后背痛，继而脖子也不能转侧，手还发麻。这时，就要天天敲小肠经了，做时要加上一分钟的扩胸运动，再加按一分钟的天宗穴，意想不到的好效果就出来了。

取穴时一手下垂，另一手从肩关节上方绕过，向下顺着肩胛骨往下走。它的位置相当于肩胛骨的中线上中点处，点按时感觉非常明显。

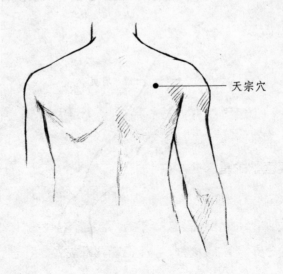

天宗穴

·下巴老掉灸听宫

听宫，一看穴位的名字就知道它和听力有关系，而且位置也在耳朵附近，一般采用点按的手法进行操作，一压一放，可以治疗耳鸣、耳聋、中耳炎。还有一种病，好多人都有体会，也没什么明显的感觉，疼痛什么的好像都没有，只是张嘴闭嘴的时候或者吃饭嚼东西时，耳朵旁边老是咯嘣咯嘣响，偶尔下巴会突然掉

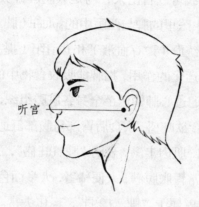

听宫

下来。这就是颞颌关节紊乱。治疗这种病时应该以艾灸为主，有人做过比较，几种治疗手段中艾灸的效果是最好的。同时把临近的穴位一块儿灸了，比如足阳明胃经的颊车、下关等穴。

妇科病的首选——足太阴脾经

·脾经要爱护的是哪些内脏

足太阴脾经主要循行在胸腹部及下肢内侧，即从足走头。

足太阴脾经从大脚趾末端开始，沿大趾内侧赤白肉际（脚背与脚掌的分界线），经核骨，向上沿着内踝前边，上至小腿内侧，

沿胫骨后缘（小腿内侧的骨头），交出足厥阴肝经之前（与肝经相交，然后在肝经前循行），上膝股内侧前边（即膝盖、大腿内侧），进入腹部，属于脾，络于胃，通过膈肌（腹部与胸部的间隔），夹食管旁，连舌根，散布舌下。

其分支从胃部分出，上过膈肌，流注心中，经气接手少阴心经。

从上面路线可以看出来，与足太阴脾经关系密切的内脏有脾、胃和心。中医里的脾与西医中的spleen（脾）不完全一样。相同点是它们都统血（贮存血液）和升清阳（提高免疫）；不同的是中医的脾有运化的作用，指脾能吸收食物中的精华物质，转化为气血津液，通过心肺输送至全身各脏腑组织，以供人体生命活动之需。所以食欲旺盛、饮食后胃部与腹部舒适、大便正常的人，大多面色红润，肌肉丰满，表明"脾气旺盛"，运化功能正常；而食欲不振，经常胃胀腹满，大便稀者，大多面色萎黄，形体消瘦，软弱无力，这就属于"脾气虚弱"，运化失常。但也有一些人食量并不小，却面黄肌瘦，也是由于脾的运化功能不正常，水谷不能化生为气血所致。

脾还有统摄、约束血液行于脉内而不外逸的作用，称"脾统血"。一般出血症多与火热有关，"热血沸腾"，血受火热之邪干扰时会不受约束而妄行，出现各种出血症，民间有用大量荠菜煎水喝来治尿血的偏方，就是针对这类出血性疾病的。

但还有一类出血症，与火热之邪无关。中医认为"气为血之帅"，也就是统帅的意思，要使血在脉管中规规矩矩地运行，不随便跑到脉管外来，需要"气"对它的约束，这个气主要是脾气。如果脾气虚弱，不能承担起这种约束功能，也会出现各种出血病症，如皮肤紫癜、产后出血不止、呕血、便血、尿血等。治疗这类出血不能用泻火的方法，而要补脾气。宋代有一个名方"归脾汤"（现有中成药"归脾丸"）就是治疗这类出血的有效药物（方名也提示了这种作用），用来治疗人工流产后气虚所致的出血不止，多能收到良好的效果。

与脾经有关的五官包括舌和咽，这也跟脾脏的功能相关。"脾开窍于口，其华在唇，在液为涎"，饮食从口入，如脾的功能正常，则口味食欲才能正常，中医称"口中和"；如脾运化功能异常，就会有口黏、口臭、口淡、口甜等症状。涎为口中津液，就是俗称的"口水"，能湿润口腔，保护口腔黏膜，帮助食物消化。但口中涎液过多，不自主的外流，如小儿、中风后的流涎，是脾虚的一种征象；有些人饮食过量，特别是晚上进食过多的油腻食品，睡眠时常会流腥臭的口水，这是因为饮食过多，超过了脾的

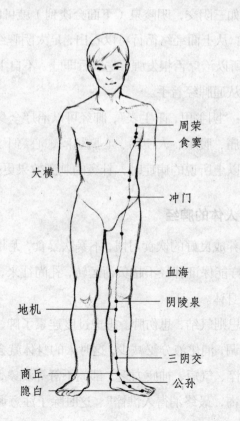

周荣
食窦
大横
冲门
血海
阴陵泉
地机
三阴交
商丘
隐白
公孙

运化能力（晚上阳气渐衰，脾气不旺，运化能力减弱），水谷不能化生为气血，反聚而为湿热之邪的一种现象。所以晚上过多的进食，特别是高热量的食物对健康不利。

·脾经上潜伏着哪些疾病

脾经是阴经，跟脏腑联系最密切，而当其不通（气血异常），人的身体会出现下列病症：

外经病：如果不通，身体的大脚趾内侧、脚内缘、小腿、膝盖或者大腿内侧、腹股沟等经络路线上会出现发冷、酸、胀、麻、疼痛等不适感。因为脾跟血液相关，所以脾虚引起的痛经常有从小腹→腹股沟→大腿内侧的放射性痛或者凉，如果平时按揉脾经的穴位，例如三阴交，阴陵泉（下面会谈到）就可以预防痛经。

五官病：从上面经络循行可以看出，足太阴脾经跟舌、咽部关系密切，所以治疗舌根发强、吃饭后即吐、不自主地流口水这些病症应该从通脾经着手。

脏腑病："阴主里，阳主表"，脾经可以治疗全身乏力或者全身疼痛、胃痛、腹胀、大便稀、心胸烦闷、心窝下急痛。

当出现以上所说的病症时，针灸的刺激效果更好。

·如何使用人体的脾经

首先要养成良好的饮食习惯，不暴饮暴食，尤其是少吃油腻的食物，这样能保证脾经不超负荷运转，礼尚往来，它也会回报你以健康的身体。

其次，思则气结，思伤脾。思虑过度连累了脾，会使其方寸大乱功能失调，消化液分泌减少，这时人的身体就会出现食欲不振、形容憔悴、气短、神疲力乏、郁闷不舒等现象，正所谓"思虑伤脾还不悔，最终消得人憔悴"。这时除了注意调整情绪，还要每天花几分钟按摩以下我将向你介绍的重点穴位，这样，保你安枕无忧。

怎样才能知道这种预防是否得当呢？是不是隔三差五就要去医院做个 B 超之类的检查呢？不用！脾经是脾脏外在的反应线，最简单的方法就是循经按压，寻找疼痛的反应点，自我诊断，自我调节。

那什么时候按揉脾经最好呢？脾经旺在巳时，即上午 9～11 点，人体的阳气正处于上升期，这时疏通脾经就能起到很好的平衡阴阳的作用。

·腹胀、食欲不佳找太白

从五行上看，脾属土，所以脾经又称土经，作为脾经上的穴位太白也属土。

太白在脚的内侧面，大脚趾骨节后下方凹陷处，脚背脚底交界的地方。

太白穴是脾经的原穴，按揉或者艾灸此穴可以补脾，对脾虚症例如全身乏力、食欲不佳、腹胀、大便稀等脏腑病有很好的作用，亦可以补后天之本，增强体质。

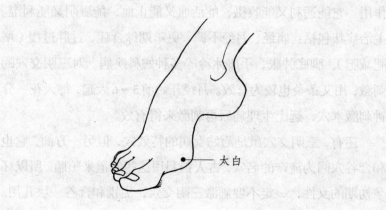

太白

·妇科病的首选——三阴交

三阴交在脚内踝尖上三寸,就是从内踝向上量四指,胫骨(小腿内侧骨)后缘凹陷处,用手按时比其他部位敏感,有点胀疼的感觉。

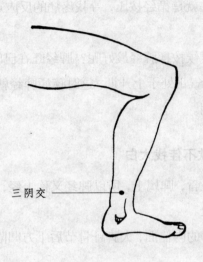

三阴交

"三阴交"是脾经、肾经、肝经三条经络相交之处,对中医而言,这是特别受到重视的穴道,又名"女三里",只要是妇科病,刺激此穴皆有效,因此有人说它是妇科病的万灵丹。它具有双向调节的作用,也就是根据个人体质不同,产生对机体有利的作用。它能通利又能收摄,能活血又能止血,能滋阴又能利湿。主治症状包括:痛经、月经不调、更年期综合症、过胖过瘦(增肥减肥)、脚底肿胀、手脚冰冷等多种妇科疾病。对三阴交穴的刺激,用艾条灸也较为有效。月经开始前5~6天起,每天花一分钟刺激本穴,远比生理痛后再刺激来得有效。

还有,三阴交穴虽是治妇女病的特效穴,但另一方面,它也和合谷穴同为流产的名穴,古人曾利用这些穴道来堕胎。所以怀孕初期的女性,一定不要刺激三阴交穴,更别和合谷一块儿用。

·妇科病的万灵丹——阴陵泉

此穴与三阴交作用相似，临床经常与其配合使用加强疗效。

·湿症、丹毒等皮肤病找血海

血海在大腿内侧，髌骨底内侧端两寸（右手手掌抵住右膝盖，大拇指下肌肉凹陷处即是右血海，左血海同理取之）。

作用：血海，顾名释义，是治血要穴，对妇科病、湿疹、丹毒等皮肤病效果很好。中医认为，湿疹、丹毒等皮肤病是风热之邪所致，血行风自灭，用活血的方法可以根治。对妇科病可以按揉或者点按，对皮肤病可以用牙签之类有尖的东西加大刺激。经常按揉血海不但可以对付妇科病，还能抗过敏，对我们经常说的"血热"造成的病，都有效。

全球有80%的女人每月被痛经困扰着，而且其中超过50%找不出原因，属于无法彻底根治的原发性痛经。足太阴脾经的穴位

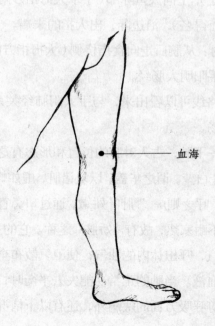

血海

对痛经有很好的疗效，平时按摩或者艾灸就可以缓解。同时，少食多餐，尽量避免过甜及过咸的食品，冬天保持身体暖和，多喝热的药草茶或热柠檬汁，以及在腹部放置热敷垫或暖水袋等做法也可以帮助缓解。

人体的总理——手太阴肺经

·与肺经有关系的是肺、胃、大肠和皮毛以及悲之情

手太阴肺经起始于胃部，向下络于大肠，回过来沿着胃上口，穿过膈肌，属于肺脏。从肺系（气管、喉咙部）横出腋下，下行沿着上臂内侧，走在手少阴、手厥阴经之前，下向肘中，沿前臂内侧桡骨边缘（大拇指方向），进入寸口（手腕部桡动脉搏动处，即中医把脉处），上向大鱼际部（手掌大拇指方向较丰厚的肌肉，因为像鱼肚而得名），沿边际，出大指的末端。

它的支脉：从腕后走向食指桡侧（大拇指方向），出其末端，在此经气接手阳明大肠经。

从上面路线可以看出来，与手太阴肺经关系密切的内脏有肺、胃和大肠。

首先说一下肺，古人对肺的位置和形态有这样的描述："喉下为肺，两叶白莹，谓之华盖，以复诸脏，虚如蜂巢，下无透窍，故吸之则满，呼之则虚。"肺叶娇嫩，通过口鼻直接与外界相通，易受邪侵，不耐寒热，故有"娇脏"之称。它的主要功能是吸入自然界的清气，呼出体内的浊气；使卫气散布全身，保护肌表，输送水分和血液。当肺的正常功能失去平衡时，除了出现咳嗽、气喘、胸闷等呼吸方面的疾病外，还有以下情况：

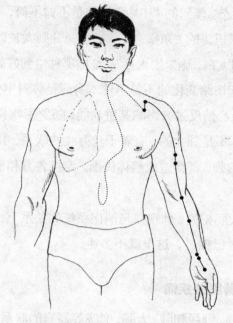

手太阴肺经循行图

（1）肺外合皮毛，即肺的外延部分是皮毛。皮肤需要肺经经气充养，如肺经经气过盛，皮肤血液循环过强，出现皮肤发红、怕热、易过敏；长期平衡失调则耗伤肺气；肺经经气虚，则皮肤血液循环不足，出现暗黑，没有光泽。所以真正的美容美肤要从调整肺的功能入手。

（2）根据整体理论，中医把脏腑与情志联系在一起，五脏对应五志。肺在情志主悲，当人哭得很伤心很厉害时会喘不过气，感觉气不够用，这就是悲伤过度、肺气受损的现象。反过来，肺气虚时，对外界刺激的耐受性会降低，容易产生悲观、自卑、易哭泣、心理负担过重等情绪；肺气过盛时，自卑心理会减少，容易走上另一个极端——自负。

过与不及都会造成功能失调，人体脏腑器官气血津液也要保持在"中庸"状态。儒家的"中庸"指的是不偏不倚，平衡协调，正如宋玉的文赋里讲的"东家之子，增之一分则太长，减之一分则太短。著粉则太白，施朱则太赤"，是指那种恰到好处的美。心理学认为，引起情绪变化的不是事件本身而是你对事件的看法。心态决定心情，心情反过来影响某脏功能，随之影响其他脏腑器官。万事万物都不是独立的，有着千丝万缕的联系，其中的任一环节出现明显偏颇，都会造成整体失衡。维持各方和谐，才能有统一的整体。

肺与胃、大肠相关，体现在与消化系统的关系上，前面介绍手阳明大肠经时已提过，这里就不多述。

·肺经上潜伏着哪些疾病

上面已谈到，肺经和肺、大肠、喉咙等器官的联系相当密切，那么保证了肺经的畅通，这些相关器官的功能也就能得到保证了。肺经异常不通时，人的身体会出现以下这些毛病——

（1）外经病：沿肺经循行路线上的麻木、疼痛、发冷、酸胀等异常感觉，一般出现在锁骨上窝、上臂、前臂内侧上缘（大拇指方向）。

（2）脏腑病：本经经气异常会出现胸闷、咳嗽、气喘、气短、心烦不安等症状；又因为肺与口鼻相通，所以也会出现鼻塞、感冒、流涕、伤风怕冷等症状。

手臂阴面靠拇指的那条线就是肺经，平时敲稍有酸痛感。如果某一天你敲它，发现酸痛难忍，那是肺经在告诉你：你快得感冒了。那你就要加强敲，一天多敲几次，有空就敲肺经，直到没有酸痛难忍的感觉了，就说明肺经已经帮你把感冒病菌消灭了。

（3）上面提到，肺在志主悲，所以肺经经气亦可以调节情绪异常。常用方法有强身健体功效的气功导引，也有通过静守的方式疏通经脉气血的，这种静守指的便是情绪上的淡泊，即心中平静、空空如也。

同时，由于肺经与皮肤的联系，肺经经气异常也会导致皮肤的改变，如一些过敏性皮肤病、色斑、无光泽等。

按摩肺经的最佳时间：肺经的经气旺在寅时，即在早上3～5点，但是这时正是睡眠的时间，所以我建议在同名经上找，也就是上午9～11点脾经旺时。

·肺脏健康的晴雨表——中府

怎么找中府穴呢？锁骨下窝下一寸，距正中线六寸（夹紧上肢时，大约与腋下对齐）的地方就是。

中府穴是肺的募穴，即肺脏气血直接输注的地方，最能反映肺的情况，是诊断和治疗肺病的重要穴位之一，经常用来治疗咳

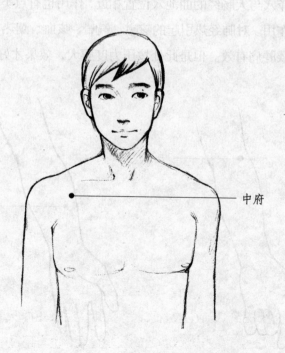

中府

嗽、气喘、胸痛，此外肺结核和支气管哮喘病人，在穴位上常有异常反应。又因为此穴是手、足太阴之会，故又能健脾，治疗腹胀、肩背痛等病。

但中府穴下方肌肉偏薄，日常保健建议不要使劲，稍稍施力按揉1～2分钟即可。曾经有一位喜欢健身的朋友因为练扩胸拉伤了肌肉，当时我选的就是中府穴，因为求"效"心切，用力过大，结果第二天他更疼了。当时我考虑刺激这个穴位并不是镇痛，而是要加快他身体自我恢复的过程，但结果却适得其反。所以日常保健与治疗疼痛不适时力度一定要区分好。

·治热治痛治出血没商量——尺泽和孔最

尺泽在肘横纹上肱二头肌肌腱（曲肘时很明显的肌腱）桡侧（大拇指方向）的凹陷处。

尺泽穴与大肠经的曲池穴位置相近，作用也有点类似，都有泻热的作用。对肺经热引起的咳嗽、气喘、咳血、潮热、胸部胀满及咽喉肿痛有效。但是此处按压力度要大，效果才好。

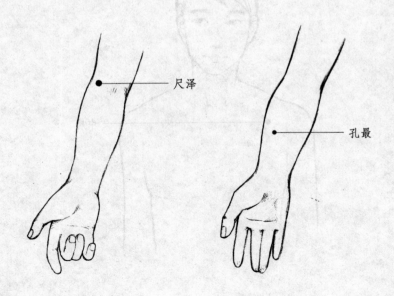

尺泽

孔最

另外，尺泽穴跟肱二头肌肌腱相近，而肱二头肌的作用是曲肘，所以也可以用来治疗肘关节痉挛。

孔最在前臂掌面桡侧（大拇指方向），在尺泽与太渊（腕部动脉搏动处）连线上，腕横纹上七寸（手腕至肘共十二寸，按比例取穴）。

作用：孔最是手太阴肺经的郄穴。郄穴一般主治急症，阴经的郄穴主要治疗急性出血性疾病。根据肺经的循行，可以看出本穴除了可以泻肺热治疗咳嗽、气喘、咽喉肿痛等症状外，对咳血、痔疮出血也有作用。实际针灸操作中，孔最穴是保守治疗肺结核、不明原因咳血的要穴。

·补肺肾之虚，管小病小疾——列缺

简单取穴法：两手虎口相交叉，一手食指所按另一手手腕后方大拇指一侧微微高出的骨头上即是。

列缺穴是三经交会穴，可以同时调节肺经、大肠经及任脉的经气。平常生活中，人有时会突然出现不明原因的头痛，其实，大多数都是不经意感受风寒导致的，和鼻塞、流涕一样同属于感冒的一个症状，这时按揉列缺穴疏卫解表，加上热敷或者艾灸效果会更好。

列缺还和奇经八脉中的任脉相连。任脉是循行在人体前正中的经脉，是"阴脉之海"，有补肺肾阴虚的功能。中老年人糖尿病、耳鸣、双目干涩以及更年期的一系列不适，例如烦躁、失眠等多是肾阴不足、津液不能滋养所致，而使用列缺就可以调节。

对于手腕活动不便、手掌发热、前臂各种活动感觉的所有不适，亦属列缺穴"分内之事"。

护身卫体的大将军——足厥阴肝经

·肝经上潜伏的疾病

  肝经有14个穴位，循行路线从下向上走，起于脚大拇趾内侧趾甲缘上，向上到脚踝，然后沿着腿的里面向上走，在肾经和脾经的中间，最后到达肋骨缘。

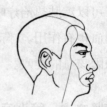

足厥阴肝经循行图 2

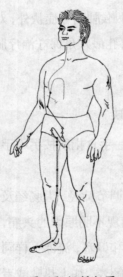

足厥阴肝经循行图 1

足厥阴肝经循行图 3

  肝经和肝、胆、胃、肺、膈、眼、头、咽喉都有联系，所以虽然循行路线不长，穴位不多，但是作用一点也不小。肝经有病就会出现以下问题：腰痛得不能伸、面色晦暗、咽干、胸部感觉被东西堵住一样、腹泻、呕吐、遗尿或尿不出、疝气或腹部两侧疼痛。

·什么时候按摩肝经最好

  肝经的气血在丑时最旺，也就是凌晨的1~3点，这时人体的阴气开始下降，阳气开始上升，所以应该安静地休息，以顺应自然。建议改在同名经手厥阴心包经旺时按摩，也就是晚上 19～21 点的时候。

·失眠的原因是魂不守神——太冲穴说

按照身体十二经的气血循行来看，肝经的经气在丑时最旺，就是凌晨 1～3 点，这个时候我们都在睡觉呢，但是有些人就是睡不着。工作和生活有压力的人还能理解，有些人什么压力都没有，也睡不着，有些人倒是能睡着，但是经常做噩梦，搞得每天起来都无精打采或者莫名烦躁。这是什么原因引起的呢？中医里讲心主神、肝主魂，本来到晚上的时候这个神和魂都该回去的，但是神回去了魂没有回去，这就叫"魂不守神"，中医经常说有的人没魂儿了，没魂的人他能好好睡觉吗？所以中医的解决办法就是让魂回去。怎么让肝魂回去？除了找有经验的老中医开些平肝潜阳的药之外，每晚临睡前一定要花 10 分钟刺激肝经上的太冲，点揉肝经循行路线上的重要穴位，哪里痛、酸、麻木就按哪里，有些人是脾气大，火气特旺，这时只要点点穴，消消火儿，几分钟后人就感到心平气和了，自然也就能安然入睡了。

·人体自身的"菊花茶"——太冲

太冲是肝经上最重要的穴位，是治各类肝病的特效穴位。能够降血压，平肝清热，清利头目，和中药中菊花的功效很像，而且对女性的月经不调也很有效。它的位置在脚背上大拇趾和第二趾结合的地方向后，在足背最高点前的凹陷处。那些平时容易发急，脾气比较暴躁的人一定要重视肝经上的太冲，每天坚持用手指按揉太冲 2 分钟，要产生那种明显的酸胀感，用不了一个月就能感觉到体质明显地好转。

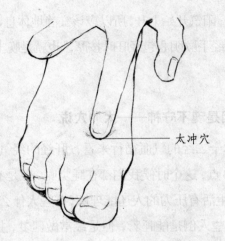

太冲穴

　　很多女性的月经总是提前或者经期延长，老是没有规律，月经的颜色深红，而且莫名地发热，经前几天特别烦躁不安，想发脾气，这在中医里面讲就是肝的问题，因为肝主藏血，还有就是肝经有热导致的。这个时候一定要点太冲，不是在经期点，要在月经来临之前5天就开始每天点揉太冲，每次3～5分钟，每个月经周期前都坚持做，不到两个月，就会有明显的效果，经期开始恢复正常了，经前的紧张烦躁也没有了，痛经的也不痛了。

·拯救肝脏的义士——期门穴、行间穴

　　肝病中最具有代表性的是各种类型的肝炎。比如急性慢性肝炎等，会容易疲劳、没有食欲、想吐等，而且治疗上十分麻烦。在这里，我建议有病的朋友首先要学会与肝炎"和平共处"，保持心情的平静，另外，坚持按揉肝经上的一些重要穴位，若能每天坚持刺激，将在很大程度上改善肝炎带来的危害。

　　期门穴、行间穴等穴对肝病十分有效。要找期门穴时，请先找巨阙穴。在心窝上端，从左右肋骨相交之处起，往下二指宽处即是巨阙穴。然后，从乳头往下画一条平行线，在此线所经过的

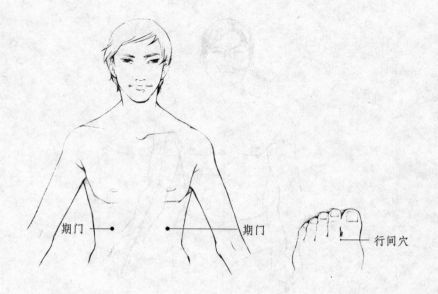

期门　　　　期门　　　　　　　行间穴

肋骨和肋骨之间，与巨阙穴同样高度上的，就是期门穴。

　　行间穴在脚上。从脚的大拇趾和第二趾根部之间的中央起，稍靠近大拇趾侧之处，在脚的表面交接处上就是行间穴。施压，会强痛，在这些穴道上每天两次指压，每次30下的强烈刺激即可。而有肝硬化和酒精肝、脂肪肝则用香烟或艾柱每天炙20次。到目前为止，西医尚未发现肝炎的特效药，因此无法完全控制病情，利用本书所介绍的方法，每天坚持下去，并同时注意饮食起居，效果十分显著。

代心受过，替心受邪——手厥阴心包经

·代心受过，替心受邪

　　中医所说的心包就是心外面的一层薄膜，能够代心受过，替

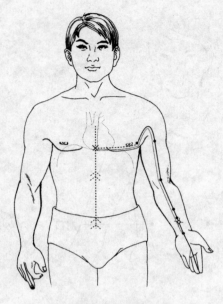

手厥阴心包经循行图

心受邪，即外邪侵犯人体时它要代替心去承受侵袭。因为"心为五脏之大主"，"心主神明"，心就相当于身体之国的君主，所以有什么病灾危难的当然要由心仓之臣来替心君承受了。

心包经在手臂阴面中间那一条线上，敲小臂有酸痛感，敲大臂有电击感。它的具体循行路线如图。

从现代解剖学来说，心包经在人体循行的路线有前臂内侧皮神经，所以刺激心包经可以治疗沿经皮肤的感觉异常等病症。另外对冠心病、心绞痛也有很好的疗效，这些都是经过临床病例和实验研究证明过的。

·为什么人过35岁就要敲心包经

现代人饮食不平衡，不顺应天时的生活习惯，使得血液中的胆固醇与脂肪异常增高，血中胆固醇量太多时，会逐渐粘黏在血管壁上，造成血管狭窄、弹性变差，当血液流动不顺时，更容易诱发心肌梗塞及脑中风等严重并发症。而敲击或按揉心包经可使血液流动加快，使附着血管壁上的胆固醇剥落，随后排出体外，也就是俗称"无毒一身轻"。

那什么时候按揉心包经最好呢？心包经在晚上戌时最旺，就是晚19～21点，这段时间吃过晚饭正是应该促进消化的时候。但是不要在晚饭后立刻就做，那反倒会影响气血的运行，最好在饭后半小时后施行最好。

·心脏的随身保健医生——内关

无论是针灸临床还是防病保健首推的就是心包经上内关穴。内关穴有"宁心安神、理气止痛、和胃降逆"的作用。鉴于它的这些功用，它的主治范围为心脏系统疾病、胃肠不适等。那么，如何取穴呢？手掌朝上，在腕横纹上两寸（同身寸），当握拳并且手腕上抬时，就能在手臂中间看见两条"筋"，内关就在腕上两寸两筋之间。

首先，内关穴对心律失常有着很好的调节作用。平时既可以边走边按揉，也可以在工作之余进行操作，每天花两分钟左右按揉，力量不需要太大，有酸胀感即可。

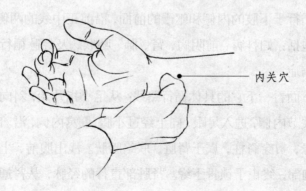

内关穴

内关作为冠心病的日常保健穴位之一，据我们的长期治疗经验，发现经常按揉内关穴，可以增加心脏的无氧代谢，增强其功能。有人在按揉之后再进行与原来等量的运动，疲惫感和心跳均好于没有进行按揉的时候。

另外，打嗝时，用拇指对该穴位进行一压一放会很快止住。以前在医院实习的时候，有个病人是脑中风后遗症，一天晚上突然开始打嗝，所有能想到的方法都用了，但是仍然止不住。于是请专家会诊，最后决定对内关穴进行强刺激，病人立刻就好转了很多。还有呕吐也是一样，因为在中医里面它们的病机是一样的，都属于"胃气上逆"。本来胃气应该是向下的，就是说"脾主升清，胃主降浊"，但是胃气不降反升，浊气上泛，就会产生恶心呕吐、呃逆等病症。

人生的先天之本——足少阴肾经

·潜伏在肾经上的疾病

足少阴肾经虽然只有27个穴位，但却是与人体脏腑器官有最多联系的一条经脉，它起于足底的涌泉穴，止于胸前的俞府穴，主要循行于下肢的内侧和躯干的前面，沿前正中线的两侧。主治范围包括：妇科病、前阴病、肾、肺、咽喉病及经脉循行部位的其他病症。

下面看一下它的具体循行路线：从足小指开始，斜向足心绕过踝关节内侧，进入足跟，向上经过小腿，腘窝内侧，沿着大腿内侧后缘，贯穿脊柱，属于肾脏，联络膀胱。浅出腹前，上行经过腹、胸部，终止于锁骨下缘。肾脏部直行的经脉，从肾通过肝和

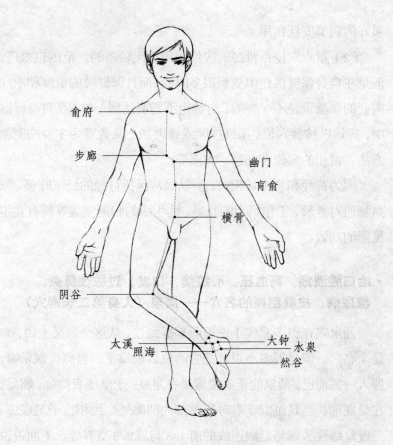

俞府

步廊

幽门

肓俞

横骨

阴谷

太溪 大钟

照海 水泉

然谷

横膈，进入肺中，咽喉咙挟于舌根部。肺部支脉联络心脏，注入胸中。肺部支脉，从肺部出来，联络心脏，在胸中和心包经相接。

肾经不正常人会出现哪些问题呢？面黑如柴，头晕目眩；气短暴喘，咳嗽咯血；肚子饿却不想吃东西，心胸痛，腰、脊、下肢无力或肌肉萎缩麻木，脚底热、痛；心烦，易惊，易恐，口热，舌干，咽肿。

・如何使用人体的肾经

（1）沿经刺激：因为肾经与脏腑器官联系最多，所以沿经刺激不但可以疏通众多经络不平之气，还对相连络的器官内脏也有很好的调节安抚作用。

（2）重点穴位：肾经的穴位运用是比较多的，范围也很广，但是在自身保健操作中受到很多限制，而且保健时的量度和治疗需要的刺激量是不一样的，当然也不需要达到一样。在自身保健中，应该以按揉穴位、循经按摩或者再加上艾灸等为主要的刺激方法，常用的穴位有涌泉、太溪等。

因为肾经和肾密切相关，所以经常保持肾经的经气旺盛、气血畅通对养颜、工作精力的旺盛、性生活的和谐完美等都有立竿见影的功效。

·治口腔溃疡、高血压、心绞痛、白发、过敏性鼻炎、糖尿病、皮肤粗糙的名穴——涌泉（人身第二长寿穴）

涌泉穴在很多武侠小说里面都提到过，从这个意义上讲，它是个名穴。但是很多小说都把它的位置说错了，当然，娱乐嘛，博人一笑而已。涌泉的正确位置是在足底：正坐或者仰卧，翘足，在足底部，当足趾向下卷时足前部的凹陷处，约相当于足底二、三趾趾缝纹头端与足跟连线的前1/3与后2/3交界处。下面说说涌泉穴在人体治疗保健中的用法。

第一，口腔溃疡。这个病很讨厌，也不是说大面积的溃破，但就是老也好不了，或者吃了抗生素什么的好了几天，但是一旦工作劳累或者情绪紧张、不好时就会卷土重来，还有一些女士每次例假前就开始犯此病。我建议这时不妨试一下涌泉穴贴敷法，将吴茱萸粉碎以后用醋调成糊状，贴在涌泉穴上，外面再用胶布固定，效果真的挺好的。

第二，如果你有高血压，艾灸、贴敷此穴也行。如果采用艾灸的话要坚持每天至少一次，每次10～15分钟，灸过后喝点温开水。如果是穴位贴敷的话就要买些中药，打成细粉然后用鸡蛋清

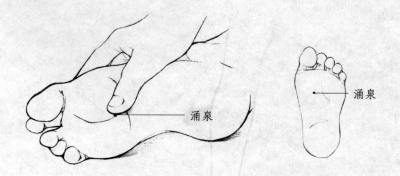

涌泉

涌泉

调成糊状，每天睡觉前贴敷在穴位上，两侧的穴位交替使用。常用的药物有以下几种：桃仁、杏仁、栀子、胡椒、糯米。

第三，心绞痛。虽然提起心绞痛或者心脏病，有针灸常识的人首先想到的是内关，但是我提醒大家一定不要忘记涌泉穴。因为位置的特殊性，它取穴没有内关方便，但效果是最好的。把中指屈曲，用指间关节去点，或者用笔什么的都行，只要是加大刺激量就行。

第四，艾灸涌泉穴还能防治呼吸道疾患。我的老师，中国中医药大学的中医名家曾对此做过对比研究，艾灸涌泉，穴灸20分钟，马上缓解。坚持一周，基本上不再复发。

·滋阴补肾治咽炎，阴冷阳痿哪用愁——太溪

太溪，是肾经的"原穴"，也就是肾脏的原气居住的地方，在针灸治疗学上讲，它具有"滋肾阴、补肾气、壮肾阳、理胞宫"的功能。也就是说，生殖系统、肾阴不足诸证、腰痛和下肢功能不利的疾病此穴都能治。

太溪几乎对各种咽炎都有效，尤其是那种常觉得咽喉干燥、肿痛，属于中医上讲"肾阴不足"原因引起的咽症。按揉此穴位，可一边按揉一边做吞咽动作，这是因为肾经的循行经过喉咙"入

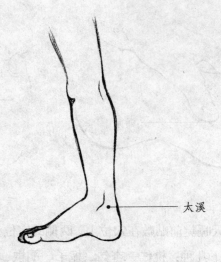

太溪

肺中，循喉咙，挟舌本"。

　　因为肾包括肾阴肾阳，而肾阴肾阳分别是其他几脏的阴阳之本，所以有人将肾阴肾阳称为人体的阴阳之本。而太溪为肾的原穴，就能很好地调节人体的阴阳，刺激此经时可以点穴、按揉或艾灸。因为循行过小腹部内相应的人体生殖系统部位，所以对生殖系统的诸多疾病相当有效。比如对女性的月经不调、阴冷，男性的阳痿、举而不坚等都有很好的作用。

　　按揉太溪穴对腰痛腰酸的效果特别好，刺激时，除了穴位要有酸胀感以外，还应该有麻电样的感觉向足底放散。另外，半身不遂、下肢活动功能不好的病人在家庭护理中也可以进行这样的操作。

　　用太溪穴来治疗莫名的手脚冰冷也是极其有效的。被此症困扰的朋友，请务必在每天睡觉前刺激此穴。坚持不到几天，你就会惊讶地发现自己的手脚变得暖洋洋的了。

　　此外，太溪穴还能治各种气喘病。

主宰人体的君王——手少阴心经

·潜伏在心经上的疾病

手少阴心经主要分布在上肢内侧后缘，属于心，而心在中医上讲"心主神"，"神"可以简单地理解为"神智、精神"。比如失眠在中医上讲就是"心神不守"，也就是说神本来到了晚上该回屋里了，但是它一直躁动不安，还在外面跑，所以就睡不着啦。

手少阴心经：从心中开始，出来属于心脏的系带（心系），下过膈肌，络于小肠。

上行支脉：从心脏的系带向上，挟食道旁，联结与眼与脑相连的系带（目系）。

外行主干：从心系上行至肺，向下出于腋下，沿上臂内侧后缘，走手太阴、手厥阴之后，向下到肘内，沿前臂内侧后缘，到

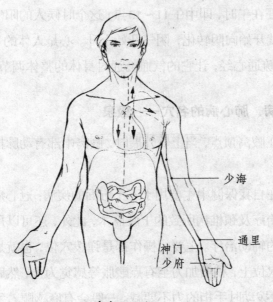

少海
通里
神门
少府

手少阴心经

腕后豌豆骨部进入手掌内后边，沿小指的桡侧出于末端，接手太阳小肠经。

心经异常代表人体有什么疾病呢？《黄帝内经》说，心经异常人之身体会出现心胸烦闷、疼痛、咽干、口渴、眼睛发黄、胁痛、手臂阴面靠小指侧那条线疼痛或麻木、手心热。所以在身体保养方面，循经按揉可以放松上臂肌肉，疏通本经的经气，点揉和弹拨重点穴位还可以预防冠心病、肺心病以及改善颈椎病压迫神经所导致的上肢麻木等，此外还能治疗失眠。

经常敲小指尖端到腋窝那一段，就是手臂阴面靠小指的那一条线。敲小臂时有酸痛感，敲大臂时有电麻感，这都是正常的经络感觉。感觉明显效果就好。经常敲心经有利于心脏健康，心主神明，敲心经也有安神的作用。

·按揉心经的最好时间

心经旺在午时，即中午11～13点，这个时候人的阳气达到最盛，然后就开始向阴转化，阴气开始上升。心是人体的"君主之官"，所以疏通心经，让它的气血畅通对身体的整体调节很重要。

·治冠心病、肺心病的名穴——极泉

极泉在腋窝顶点，当上臂外展时，腋窝中部有动脉搏动处即是此穴。

极泉在自我保健中主要用于三个方面的疾病：冠心病和肺心病的预防治疗及颈椎病所致的上肢麻木，此外，还可以用于心绞痛发病时的辅助治疗。主要的操作都是弹拨穴位，也就是先用手指点按在穴位上，稍微加力至有点酸胀等感觉为止，然后向旁边拨动，注意拨动时手指的力不要减。一般会有麻感顺着手臂向下传导直到手指。

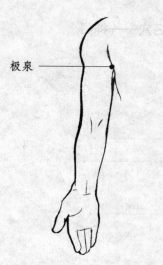

极泉

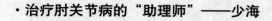

·治疗肘关节病的"助理师"——少海

　　少海在肘关节处，屈肘，在肘横纹内侧端与肱骨内上髁连线的中点，即肘横纹尺侧纹头凹陷处。

　　少海可以用来治疗肘关节及其周围组织病变，比如屈伸不利、落枕、前臂麻木及肘关节周围软组织疾患，治疗时主要是在穴位上进行点揉。但是在治疗颈椎病压迫神经所导致的前臂麻木时主要是在穴位上进行拨动，方法同上面的极泉。

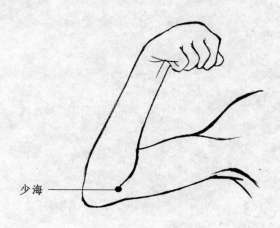

少海

·治心慌、失眠的名穴——神门

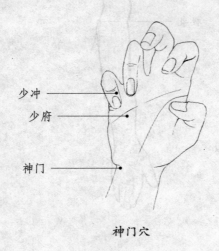

少冲 ————
少府 ————
神门 ————

神门穴

　　神门在针灸临床上主要用于治疗心慌、失眠等病，在自我保健时也主要着眼于这几个方面的病症。每天用手指对此穴进行缓慢的按揉，力量不需要太大，也不用追求所谓的酸胀感，力量大了反而不好。平时除了点按揉穴位以外，还可以艾灸。

第六章

打通任督两脉的好处 （一）

任督两脉是十四经的 "水库"

传说中，打通任督二脉后人的功力会大增，仿佛是世外高人了。本章就为你详述打通任督两脉后对人体的种种好处。

任脉不属于十二正经，而属于奇经八脉。在第三章中我们已经谈到十二正经与奇经八脉就像是江河与水库的关系，奇经八脉可以储存调节十二经气血。十二经经气过盛时，奇经八脉会加大存储，疏通十二经，保证气血正常流通；十二经经气不足时，奇经八脉经气会自发补充到十二经循行中。二者相互协调，相互配合，维持人体经络系统的正常。

奇经八脉的定义里有"不同于正经的经脉"这样一句话，有哪些不同呢？首先它不同于十二正经分布于全身，胳膊上就没有奇经的分布；其次，它与脏腑没有直接的络属关系，只是部分经脉与脏腑连属，如任脉与胞宫（相当于子宫）相连；奇经八脉中有六条经脉没有自身特有的穴位，其俞穴都是寄附在十二正经上，只有其中的任脉、督脉具有本身的经穴。

关于任脉的循行路线，古代说法较多，大家普遍认可的是《素问·故空论》与《难经·二十八难》中的说法，认为任脉起于胞宫，出于会阴部，向前循腹里，行于上半身的前正中，向上经咽喉，上到面部，到达眼睛下面。

人体经络使用手册

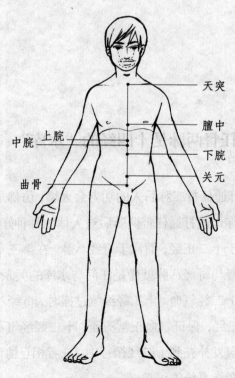

天突

膻中

中脘　上脘

下脘

关元

曲骨

男性任脉图

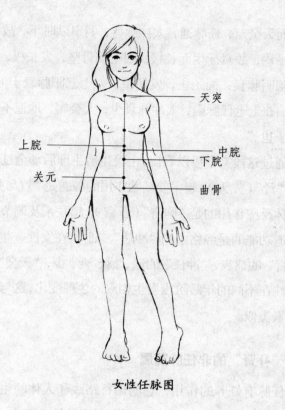

天突

上脘 ————————

———— 中脘

———— 下脘

关元 ————

———— 曲骨

女性任脉图

任脉相当于女性的性激素

前面说过，奇经八脉没有直接络属的脏腑，任脉也只是与胞宫相连，所以这里不讲相关脏腑与五官，而是从总体上谈一谈任脉的功能。

任，有担任，妊养的含义，又是起于胞宫的，所以跟女子的生育功能有关，包括调节月经、孕育胎儿，为生养之本。任脉循行于人的前正中线，"腹为阴，背为阳"，任脉与诸阴经交会，故又称"阴脉之海"。

《素问·上古天真论》中说："女子七岁肾气盛，齿更发长；

二七而天癸至，任脉通，太冲脉盛，月事以时下，故有子；三七肾气平均，故真牙生而长极；四七筋骨坚，发长极，身体盛壮；五七阳明脉衰，面始焦，发始堕；六七三阳脉衰于上，面皆焦，发始白；七七任脉虚，太冲脉衰少，天癸竭，地道不通，故形坏而无子也。"

通过这段文字可以看出，主管生殖生理活动全过程的主要脏腑是"肾"（先天），起主要辅助作用的脏腑是"胃与脾"（后天），起具体反应作用的是"胞宫"（子宫），起联系及调节脏腑与胞宫的通道功能的是经络中的"冲任"二脉。在女性一生当中，"肾"与"胃"的盛衰，"冲任"的通、盛、衰、少，"天癸"的至与竭，使女性在不同的年龄阶段发生相应的生理变化，这与现在提到的性激素类似。

·最"补肾"的非任脉莫属

任脉有妊养的作用，它的循行路线和人体的生殖系统相对应，而且从古至今这条经的穴位都是强壮性的要穴，比如关元和气海，不仅能够强身健体，还能调节人的性激素的分泌，促进性功能的发达。

任脉经气不正常时，症状主要出现在小肚子以及生殖器官及咽喉部，例如小腹胀满疼痛或者皮肤搔痒，阴部肿痛，老年前列腺问题，小便不利或者遗尿，以及慢性咽炎的肿痛不适，还有老年人的满口牙酸痛。因为任脉为"阴脉之海"，与各阴脉都有交会，所以刺激任脉可以调节人体的阴经。

既然任脉有以上生理功能及治疗作用，还与人的衰老有这么密切的关系，那么在日常生活中注意保养任脉，保证任脉的通畅当然就可以缓解衰老。古人练气功打通任督二脉，以求长生不老，虽然有些极端，是理想状态，但也不是空穴来风、突发奇想，从另一个侧面也反映了任脉对延缓衰老、保持青春的作用。

·第一性保健大穴——关元

人体前正中线上，肚脐眼正下方四横指（拇指除外）就是关元穴了。

对于关元穴，前人有"当人身上下四旁之中，故又名大中极，为男子藏精，女子蓄血之处也"的说法。此穴同时为任脉穴位、小肠募穴和足三阴会穴，所以对足三阴、小肠、任脉这些经行部位发生的病都有疗效，有培补元气、肾气，暖下元的作用，治病范围广泛，包括妇科的白带病、痛经、各种妇科炎症，男科的阳痿、早泄、前列腺疾病等。刺激此穴用灸比较好，如果每天坚持灸15～20分钟，顶多两个星期，就会感觉性功能有明显的提高，对那些老是感觉腰部发凉、阳痿、早泄及体质虚弱导致的眩晕、无力、怕冷的人效果最好，还可以治疗突发的昏厥。从古至今，

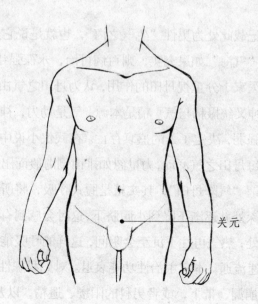

关元

此穴都作为人体保健大穴，与足三里齐名。

有人长期灸关元穴，感觉后腰两肾部位有明显的发热感，有热气自关元穴斜向两侧上方，就像冬天里晒太阳的感觉，非常舒服。还有，灸关元对失眠的效果也很好，很多上了年纪的人老是睡不着，不要老吃安眠药，去灸一段时间的关元穴就能改善了。

·人体性命之祖——气海（丹田）

身体前正中线上，肚脐正中下1.5寸。可以先四指并拢取脐下三寸（关元穴），中点即是气海穴。

所谓"气沉丹田"，这里的"丹田"就是指气海穴。丹田穴与人的元气相通，是元阳之本、真气生发之处，更是人体生命动力之源泉。此穴能鼓舞脏腑经络气血的新陈代谢，使之流转循环自动不息，生命因此得以维持，故又有"性命之祖"之称，也称之"十二经之根"、"五脏六腑之本"。又因为丹田是"呼吸之门"，又是任、督、冲三脉所起之处，全身气血汇集之所，故此也称为"气海"。

古书记载此处为男性"生气之海"，也就是说它是精力的源泉。因此"气海"如果充实，则百病可治，永葆强壮。

古代医家十分重视丹田的作用，认为丹田之气由精产生，气又生神，神又统摄精与气。精是本源，气是动力，神是主宰。丹田内气的强弱，决定了人的盛衰存亡。在武侠小说中，形容武功大成者每每丹田之气涌动，力量忽如排山倒海般而出，纯属夸张。气功中所谓"气降丹田"，其实就是腹式呼吸，将所吸入的氧气运至丹田深处并逐渐下降到小腹脐下，这时会感到有一团热气汇聚在丹田处，热气再往下沉至会阴间，这样的呼吸能使全身血液鼓荡，加速流通。本穴主治性功能衰退。对妇科虚性疾病，如月经不调、崩漏、带下，或者男科的阳痿、遗精，以及中风脱症、

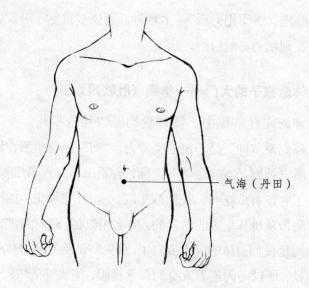

气海（丹田）

脱肛都有很好的防治作用，特别对中老年人有奇效。我曾见一个老人每天早上坚持用手掌揉气海，其实手掌那么大，岂止是气海啊，连关元、肚脐还有下面的几个挨着的穴位都一块儿揉了。老人告诉我，效果太好了。

刺激此穴除了用按揉或艾灸的方法外，还可以通过调整呼吸达到保健功效。日常生活中，人们采用的多是胸式呼吸，靠胸廓的起伏达到呼吸的目的，这样肺的中下部就得不到充分地利用，同时也限制了人体吸入的氧气量。而腹式呼吸是加大腹肌的运动，常有意识地使小腹隆起或收缩，从而增加呼吸的深度，最大限度地增加氧气的供应，就可以加快新陈代谢，减少疾病的发生。气功中的吐纳一般都要求腹式呼吸，以达到深、匀、缓的效果。呼吸规律是人类自然的动律，调之使气息细长乃是顺其机能而延伸之，以达到强健人体、延年益寿之功。

怎么让气海充实呢？正确的腹式呼吸是怎样的呢？首先放松腹部，用手抵住气海，徐徐用力压下。在压时，先深吸一口气，缓缓吐出，缓缓用力压下。6秒钟后再恢复自然呼吸。如此不断重复，则精力必然日增。

·人体命根子的大门——神阙（肚脐眼）

神阙在肚脐正中，就是我们说的肚脐眼儿。

我们说"神"是心灵的生命力，"阙"是君主所在城池的大门，所以神阙又有"命蒂"之称，你看瓜蒂，连着瓜秧和瓜果，没有了它还有瓜吃吗？我们都知道，小孩儿在没出生的时候就是靠着脐带从母体里吸收营养的。多么相似啊，这样就能理解为什么神阙是我们身体的一大要穴了。首先脐是胎儿从母体吸收营养的途径，所以向内连着人身的真气真阳，能大补阳气；另外，它有任、带、冲三脉通过，联系五脏六腑，所以如果各部气血阴阳发生异常变化，可以借刺激神阙穴来调整全身，达到"阴平阳秘，精神乃治"的状态。中医认为脐腹属脾，所以本穴能治疗脾阳不

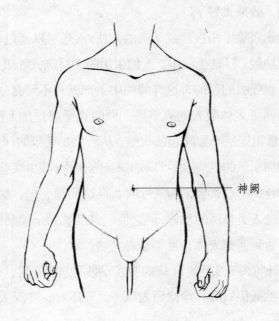

神阙

振引起的消化不良，全身性的阳气不足，包括四肢发凉怕冷、男科妇科等多种生殖系统疾病。

　　脐疗现在已经发展为一种独立的外治法，对于泌尿生殖系统、消化系统、神经系统等疾病的防和治很有效。它主要是把药物制成膏、丹、丸、散，贴在肚脐上，再用纱布或胶带固定，有时还需要艾灸。但有一点要注意，脐疗时一定要注意自己的皮肤是否对药物过敏，如果过敏的话，在贴上24小时内一般会局部发痒或起一些红斑。

　　其实脐疗的历史很悠久了，早在春秋战国时代就有肚脐填药的记载，汉代的"医圣"张仲景在《金匮要略》中也记载了脐疗法。后世的阐述更详细，晋代的葛洪记载治疗霍乱时，是把盐放在脐中，灸二七状；明朝龚廷贤在《万病回春》里，用五倍子与醋熬成膏，敷脐治小儿泄泻；李时珍的《本草纲目》也有葱汁敷脐，治疗水肿、尿短路的记载；清代吴师机的《理论骈文》记载的利用脐疗治病的药方涵盖内、外、妇、儿等病症，应用范围更加广泛。他描述当时治疗黄疸的方法是，把百部的根放在脐上，用酒和糯米饭盖之，至口中有酒气为度；又用干姜、白芥子敷脐，至口中辣去之。《理论骈文》中还记载用大戟红枣膏（大戟粉、枣肉捣成膏）贴脐，有协助排便之功能。

　　现代医学也证实了脐疗的科学性，脐在胚胎发育过程中，是腹壁最后闭合之处，表皮角质层最薄，屏障功能最弱，药物易穿透扩散，且脐下无脂肪组织，故渗透力强，所以药物很容易被吸收。脐部皮肤除了具有一般皮肤所具有的微循环外，还有丰富的静脉网和腹下动脉分支，药物可以通过脐部直接进入体循环。而灸神阙穴可以提高NK细胞（自然杀伤细胞）的活性，从而达到抗病、强身、保健的作用。下面我就介绍几个用神阙穴治病保健的简单方法。

（1）敷药

·小儿腹泻：取云南白药用75%乙醇调成糊状，贴敷于神阙穴，24小时换药一次。

·遗尿：用醋调桂枝末，贴敷于神阙穴，24小时换药一次。

·妊娠呕吐：将丁香、半夏、生姜等分别碾成细末，用生姜浓汁调为糊状，敷在脐部，外盖纱布，并用胶带固定，24小时后取下，连用三日。

·痛经偏虚寒瘀血：这种人一般月经向后错，而且血质发暗，有凝块儿，怕冷。用艾叶、小茴香、桂枝、香附、干姜填脐。

曾经有一诊断为急性黄疸性肝炎的病人，用瓜蒂、铜绿、冰片研细末填脐，一周后黄疸指数由950降为100！还可以把首乌、延寿丹这些药物装到一个小布袋里，系于神阙穴处，有益寿保健之功效。

（2）指压保健

中指隔衣压在肚脐上，力度最好是有一定压迫感，又不太难受，然后排除杂念，集中思想在"脐上"，自然呼吸100次以上，每天睡前指压一次。这个方法特别适合老年朋友，简单易行，安全可靠，用此法有补脾虚、振食欲的作用。

（3）隔盐灸

取少量食盐放在脐窝，上面放钱币大小的生姜片，再拿艾条灸，其余注意事项上面关元穴中已经介绍，在此不再重复。此法有温脾胃、补肾阳的作用。

我曾经遇到一个病人，中午吃了凉的剩饭，下午又淋雨，回家后突然上吐下泻，频繁无度，自服泻痢停后不见好转。我见到她时，她还很怕冷，面色青黄，腹痛、腹泻、恶心。当时我赶快取少许食盐放在她脐窝上，又置鲜姜片1枚，将艾条里面的艾绒掏出来些搓成像麦子大小的小艾炷，放在姜片上点燃，感到灼痛时，将姜片连同艾炷围绕肚脐上、下、左、右移动，灸至第4个艾炷时，呕吐、腹痛、腹泻停止，面色微微泛红，酣然入睡。第二天复诊时，完全和正常人一样了。

我建议平时生活中每个人都要注意脐部的保暖，现在很多女性喜欢穿露脐装，其实对身体是很没好处的，虽漂亮一时，但久而久之，不仅会影响自己的经期，还很容易导致痛经，并影响子宫的结构功能。

·脾胃之疾，无所不疗——中脘穴

中脘在前正中线上，脐上四寸，就是上身前面正中的骨头最下缘和肚脐眼连线的中点。

中脘虽然是任脉的穴位，但同时也是胃的募穴（募穴是脏腑之气直接输注的地方），还是腑会，所以对六腑（胃、大肠、小

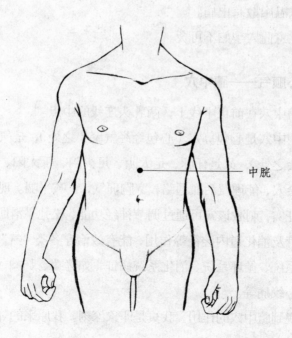

中脘

肠、胆、三焦、膀胱）的疾病尤其是胃病有很好的疗效。它的作用可以总结为健脾和胃，通腑降气。按揉中脘穴可以防治胃痛、腹痛、腹胀、反胃、恶心、呕吐、泛酸、食欲不振及泄泻等消化系统的胃肠功能紊乱。《循经》中有一句话说中脘："一切脾胃之疾，无所不疗。"

中脘穴还有一个用途就是减肥。很多肥胖的人常会很诧异地问我："我吃的不多啊，怎么还会胖呢？"实际上，胃肠功能低下是导致肥胖的主要原因之一，这类人节食减肥只能适得其反。胃肠功能紊乱会导致水分无法在体内代谢，使多余的水分堆积在体内，而脂肪的分解作用也无法正常发挥。肥胖患者70％～80％都有便秘倾向，吃得多、出得少怎么会不肥胖呢？所以，为强化肠胃功能，我们可以掌摩或者按压中脘穴，这样可以解决现代人常有的疲劳性胃障碍，并能提高脂肪的分解作用。另外，如果因为胃受寒或者吃凉东西太多导致胃痛，可以选择掌摩中脘或者艾灸，以温中散寒止痛。

注意此穴孕妇不可灸。

· 宽心顺气——膻中穴

膻中穴在前正中线上，两乳头连线的中点。

膻中穴是心包募穴（心包经经气聚集之处），是气会穴（宗气聚会之处），又是任脉、足太阴、足少阴、手太阳、手少阳经的交会穴，能理气活血通络，宽胸理气，止咳平喘。现代医学研究也证实，刺激该穴可通过调节神经功能，松弛平滑肌，扩张冠状血管及消化道内腔径等作用，能有效治疗各类"气"病，包括呼吸系统、循环系统、消化系统病证，如哮喘、胸闷、心悸、心烦、心绞痛等。

说到膻中穴的作用，我真是印象深刻。我原来的邻居是位脾

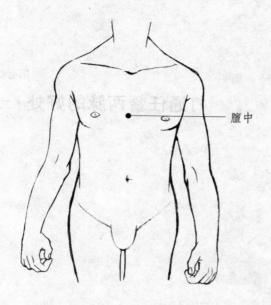

膻中

气特拗的老年人，有次因为生气突然心口痛，一时找不到速效救心丸，眼看他呼吸越来越急促，急中生智，我就在他的膻中穴上使劲按压，大概一两分钟，他就慢慢缓过来了，休息一会儿就正常如初了。后来，我在接触的大量病例中发现按揉膻中穴还可以舒缓病人压抑的心情，我想，这就是此穴"宽胸理气"的功效吧。

许多人在医院针刺按摩该穴后自觉腹内气体流动，胸部舒畅宽松，有的还可听到肠鸣音。其实平时自己按揉就可以收到疏理气机的效果。我建议大家每天按揉此穴100下，时间约2～3分钟，便可达到《普济》中所说的："气和志适，则喜乐由生。"揉的时候请注意：四指并拢，然后用指头肚儿轻轻地做顺时针的环形揉动或者从上到下摩，千万别从下向上推！

通过以上的介绍，你是不是意识到任脉的重要性了呢？任脉虽然不能让你"内力大增"，但是能统一身之阴，其中的穴位更是保健治疗要穴，不可忽视啊。

第七章

打通任督两脉的好处（二）

从掐人中（急救穴）说督脉

遇到突然昏倒或者昏迷不醒的人，你会想到哪个急救穴位呢？大部分人都会说"掐他的人中"！你知道人中穴在哪条经脉上吗？那就是与"阴脉之海"任脉相对应的"阳脉之海"督脉。

督脉主要循行于人体后正中线以及头正中线上。就是顺着脊梁骨从下往上走，一直到嘴。脉气起于小腹内，与冲脉、任脉同源，出于会阴部。从尾骨沿着脊柱内上行，到后脑风府穴处进入脑内，联络脑。同时足厥阴肝经分支上头顶接通督脉，然后是任脉，就是前面提到的十四经的经气循环。

督脉的分支，与足太阳膀胱经同行，从目内眦（内眼角）上行至额，交会于巅顶，入络于脑；又退出下项，循行肩胛内侧，挟脊柱抵达腰中，络于肾脏。

督脉在阴部络男女生殖器及肛门，并在肛门后尾骨部与足太阳膀胱经和足少阴肾经会合。

督脉另一支从小腹直上，穿过肚脐中央，向上通过心脏，入于喉咙，上至下颌部环绕唇口，向上联络两目之下的中央。

督脉的络脉，从躯干最下部的长强穴开始，沿着脊柱里面，散布头上；背部的分支从肩胛骨左右走向足太阳膀胱经。

从此走向看，督脉与足太阳膀胱经关系最密切，一个在后背正中，一个在其两旁，共同联系肾脏和脑。其次，督脉还与足少阴肾经和任脉联系，都与阴部、子宫、肾、心相关联。此外，督脉还与喉咙有关。

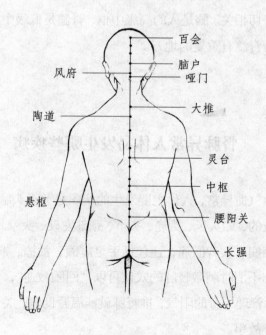

百会
脑户
哑门
风府
大椎
陶道
灵台
中枢
悬枢
腰阳关
长强

督脉是总督，督促人体精、气、神的意思

从字的表面含义上看，督脉的"督"字，有总督、督促的含义；从循行路线上看，督脉主要在背部，背为阳。这说明督脉对全身阳经脉气有统率、督促的作用，所以又有"总督诸阳"和"阳脉之海"的说法。督脉的功能可以概括为两点：

（1）"阳脉之海"当然要调节阳经气血。督脉多次与手足三阳经及阳维脉相交会，与各阳经都有联系，所以对全身阳经气血起调节作用。

（2）反映脑髓和肾的功能。督脉行脊里，入络脑，又络肾，与脑、髓、肾关系密切，可反映脑、髓、肾的生理功能和病理变化。肾为先天之本，主髓通脑，主生殖，故脊强、厥冷及精冷不育等生殖系统疾患与督脉有关。《本草纲目》称："脑为元神之府。"经脉的神气活动与脑有密切关系，所以督脉与人的神智、精神状态密切相关。脑是人的高级中枢，脊髓是低级中枢，而督脉的路线与脊髓有重复的地方。

督脉异常人体易发生哪些疾病

督脉气血异常，人体主要发生的疾病是关于头脑、五官、脊髓及四肢的，如头风、头痛、头重、颈部发硬、头晕耳鸣、眼花、嗜睡、癫痫、腰背僵痛，还包括手足震颤、抽搐、麻木及中风。所以神志不清时刺激督脉的穴位可以"回阳救逆"，使人苏醒过来。督脉管理一身的阳气，推督脉就能温肾助阳，关于这一点还有一个小故事。

北大一位学生曾经找我求助，说她如果在早上7点前起床，就会连续打十几个喷嚏，无法控制，还影响同宿舍的人，但7点以后起床就不会打喷嚏，而且她平时手脚老是冰冷。我一听心里就有数了，教她推督脉，把手往后伸，推腰部那一段，每天推10来分钟，推到身体发热就行了。过了不到一个星期，她高兴地告诉我，即使7点前起床也不打喷嚏了，而且自从推督脉以后，感觉精力也更充沛了。

其实，打喷嚏在中医看来是身体升发阳气的反应。感冒的时候经常打喷嚏就是因为身体里的阳气被邪气封锁在里面出不来，身体采用打喷嚏的方式来引发阳气，对抗邪气。那上面的大学生为什么早起就打喷嚏呢？那是因为：晚上，阴气进入阳气时就入睡；早上太阳出来，阳气从阴气里出来就醒来。她是阳气虚的体质，太早起床阳气不愿意出来，所以身体要自发地打喷嚏把阳气"喊"出来。

强腰补肾来壮阳——命门

命门在腰部后正中线上，第二腰椎棘突下的凹陷处，跟肚脐在同一水平高度，可以沿着肚脐向后找，到了背后正中的棘突下面的凹陷就是了。

命门有什么作用呢？命门在腰部，可以壮腰补虚，温补脾肾，可以治疗腰部虚冷疼痛、遗尿、腹泻、男性的遗精阳痿，以及女性虚寒性的月经不调、习惯性流产等。前面我们说了，督脉是"阳脉之海"，那它就能补阳气，当然这并不仅仅是现在满大街广告的"壮阳"，那种所谓的"壮阳"其实就是拔苗助长或者说杀鸡取卵。而按揉穴位或者灸才是真正的壮阳之道，每天花3分钟用手掌来回擦命门，直到有一股热感透过皮肤向里渗透为止，这种擦法其实连膀胱经的穴位也一起刺激了，效果更好。如果再加上摩揉任脉的关元、气海，最多一个月，就会有很好的效果。

祛除头痛太轻松——风府

风府在后发际正中以上一横指的凹陷中，顺着脖子后面正中间向上摸，到脖子和头交接的地方有个凹陷的"坑儿"，就是了。

风府穴对外感风寒引起的头痛、头重等，以及高血压引起的头痛、眩晕，颈椎病引起的颈部神经、肌肉疼痛等都有作用。本穴是督脉穴，与脑相通，也可以治中风、癫痫等神志病。如果你有颈椎病或高血压，或者低头工作太久颈部酸痛、头晕眼花，或者不明缘由地突然头痛，试试点揉风府或胆经的风池穴，或者沿前额的神庭→头顶的百会穴→风府穴按揉，瞬间就能轻松许多。

《资生》里说："风府者，伤寒所自起，壮人以毛裹之，南人怯弱者，亦以帛护其项。"所以我们平时要注意风府穴的保暖，尤其是在秋冬季节这种"虚邪贼风"正盛的时候。

降血压不健忘，提升阳气防下陷——百会

找此穴时，首先，将大拇指插进耳洞中，两手的中指朝头顶伸直。然后，像是环抱头顶似的，两手手指按住头部。此时，

两手中指指尖相触之处，就是百会穴。用指施压，会感到轻微的疼痛。

百会有"三阳五会"之称，即足三阳经与督脉、足厥阴肝经的交会穴，是人体阳气汇聚的地方。其功能是开窍醒脑，回阳固脱，升阳举陷。主治头痛、眩晕、中风失语、癫狂、泄泻、健忘、不寐、阴挺等。现在治疗中风、记忆力下降等老年病时都要选百会穴。

百会还有以下一些妙用。

（1）降血压。手掌紧贴百会穴呈顺时针旋转，每次做36圈，可以宁神清脑，降低血压。

（2）美发。将食指或中指按压在百会穴上，逐渐用力深压捻动或做轻柔和缓的揉动，然后用空拳轻轻叩击百会穴，每次进行3分钟。可以促进血液循环，增强头皮的抵抗力，从而减少脱发断发。它和正确的梳头方式一样关键，比如梳头时应顺着毛囊和毛发的自然生长方向，切忌胡乱用力拉扯。因为头部有督脉、膀胱经、胆经等多条经脉循行，所以最好顺着经络的循行梳头，这样轻而易举就能调理多经。

还有就是灸百会，虽然这个自己操作时有点难度，但还是可以做的。因为百会可以升提阳气，所以对那些脱肛和子宫脱垂以及胃下垂的病很有作用，因为这些病的病因在中医眼里是一样的，统称"中气下陷"，就是本来有东西向上提托着这些脏器，现在提东西的没劲儿了，它们就往下坠了。

我碰到一个老人，脱肛，很痛苦，吃药、扎针都不见效，连走路都困难，因为脏器和衣服老摩擦，所以红肿且疼。后来我建议他自己回去买艾条灸百会，结果过了不到两个星期，他就很高兴地来告诉我，说没想到灸百会竟然有这么好的效果，现在一点问题都没有了，感觉跟换了个人似的。

百会穴更对治疗头痛十分有效，古时候就有评定。"顶门一针"这句谚语大家都知道吧，"抓住致病处，痛下针砭"是这句话的意义，就是用针刺头顶上的百会穴后，头痛立马好转。至今有关史料仍保存着古代皇帝头剧痛，因针刺百会穴而治愈的记载。

安神醒脑不眩晕——神庭

神庭在前发际正中直上 0.5 寸（一寸为一横指）。

前面讲风府穴时提过，神庭对头痛眩晕有效，此外，神庭穴之"神"并非徒有虚名，它还可以治精神、心理疾病，例如失眠、神经官能症、记忆力减退、精神分裂症等。

日常生活中我们怎么使用神庭穴呢？用两手的食指或者中指的指肚交替从印堂穴向上推至神庭，并在印堂和神庭上加重力度点按，可以宁神定志，治疗失眠、心悸，缓解疲劳。像工作久了头昏脑涨，从印堂到神庭向上推几次，马上就缓解，整个头都会感到轻松得不得了。坚持每天睡前揉上20次，像什么多梦啦，失眠啊都会很快消失。

第八章

正确使用人体，先从经络开始

人生病就是不注意保养自己的经络

经络就像道路，生活习惯就如道路上的红绿灯，各种不良生活习惯就是这些红灯，红灯的停止是为了绿灯的畅通。在我们的一生中，处处都设有红灯，如大量吸烟、长期贪杯、纵欲风流、长期熬夜、饱一顿饥一顿、暴饮暴食、情绪总处在极度紧张和疲惫的状态中以及各种违背自然规律的生活习惯，这些红灯会堵塞你的经络。处处闯红灯，你的健康之路能走多远？你的身体将比交通阻塞的道路还要一团糟。

经络保养包括两方面的内容：精神保养和身体保养。

精神保养，强调的是一种精神、一种状态。它不同于现代心理学意义上的心理调节、情绪调节。心理调节和情绪调节是个人有意识、有目的地调整自己的情绪，通过调整来控制自我意识。而中医的精神保养，强调的是恬淡虚无，这是一种减弱自我意识、无特别目的、无欲无求、安然内观的状态，简单讲就是无我、忘我。在这种状态下，人的生命活动才是最自然、最健康的。

只有在这种状态下，"精神"才能"内守"，"真气"才能"从之"。怎么做才能达到无我、忘我呢？一个人要做到这一点，必须要学会放弃，"不以物喜，不以己悲"，顺其自然。在现代社会里，人们做不到的恰恰就是这一点，物欲官欲金钱欲，口欲肉欲拥有欲，怎么能做到恬淡虚无，精神内守呢？所以，要保养精神，就要克服欲念、忘掉自我。

人能够长寿，最重要的是心态。俗话说"生不带来，死不带走"，说的就是在物质享受方面不可过分地要求。因为在生活中，攀比是无穷无尽的，"知足者常乐"，当不能满足时，人就会自生烦恼，人的正常生理活动就要受影响，健康就要受损。情绪不稳定就是导致经络堵塞的重要因素之一。

对待自己的健康要保持正确的心态。有的人对待自己的健康持惰性消极的心态，为自己生病找很多借口：比如认为我的体质天生就这样；我不懂医学；病了可以找医生；我不了解自己的身体等等。其实自己就是最好的医生，爱生病就是因为不注意保养自己的经络，所有不良的生活习惯，尤其是熬夜，就像给经络加上了"电阻"，是导致经络堵塞的原因。

相反，有的人很注意自己的健康，但总是保健不得法，或者滥吃各种各样昂贵的保健品，反倒把自己的身体越弄越糟糕。我在门诊曾遇到一位女病人，因为吃了一碗雪蛤，大概有20克，实际上每天只需吃3克，结果长出满脸的痤疮来。雪蛤（又名林蛙）

是生长于中国东北长白山林区的一种珍贵蛙种，由于其冬天在雪地下冬眠100多天，故称"雪蛤"。李时珍的《本草纲目》记载：林蛙油"解虚劳发热，利水消肿、补虚损。尤益产妇"。《中华人民共和国药典》（1995年版）中说：林蛙油的功效是"补肾益精，养阴润肺。用于身体虚弱，病后失调，精神不足，心悸失眠，盗汗不止，劳嗽咳血。"妇女每个月吃一点，对身体是有好处的，但绝对不能滥吃。

吃保健品的目的是为了让自己的身体状态变得更好，但滥吃也会造成对身体的伤害。而本书所介绍的刺激经络，是真正的保健大法，对身体有百益而无一害。因为刺激经络还有双向调节的作用，当机体处于亢奋状态，就像绷紧的橡皮筋，放松不下来时，刺激经络能抑制这种亢奋状态；当机体处于抑制状态，提不起精神时，经络也能将其调节为正常。

身体保养是通过调节人们的饮食、起居、情绪、运动，来强化人们的健康状况，以达到长寿的目的，实际上它还是一种自我保护措施。下面的小节将谈到身体保养的各个方面。

·经络保养的正确时间

中医学将人体气血循环比做水流，用以阐明十二经脉气血的流注过程。流注，从字面上看是流动转注，比喻自然界江河湖海水流的汇合和往返不息。

流注于经脉的气血有盛有衰，把每天分为十二时辰，一个时辰分配一经，除了在对应的时辰敲对应的经络，晚上的时辰换在白天的对应时辰来敲，还要注意做以下的事情来保养经络。如三焦经旺于21：00～23：00，这时候须保持心境平静，才能有利于三焦经的气血流注。按照下面的时间表保养经络，事半功倍。

时间	对应经络
21:00～23:00	三焦经。保持心境平静。
23:00～1:00	胆经。这时要上床睡觉，利于骨髓造血。
1:00～3:00	肝经。此时是肝脏修复的最佳时段。
3:00～5:00	肺经。呼吸运作最佳的时候，而4时脉搏最弱。
5:00～7:00	大肠经。这时起床要喝水，大肠蠕动旺盛，适合吃早餐。
7:00～9:00	胃经。胃最活跃，此时一定要吃早餐，每天这时敲胃经最好，启动人体的发电系统。
9:00～11:00	脾经。这个时辰要喝至少6杯水，慢慢饮，让脾脏处于最活跃的程度。
11:00～13:00	心经。此时保持心情舒畅，适当休息或午睡。
13:00～15:00	小肠经。小肠最活跃的时候，故午餐应在下午1时前吃。
15:00～17:00	膀胱经。膀胱最活跃的时候，适合多喝水。
17:00～19:00	肾经。适合休息。
19:00～21:00	心包经。适宜散步，这时心脑神经系统最活跃，心脏不好的人最好在这时候敲心包经，效果最好。

最优秀的人最看重的是健康

有一次，我看到报纸上房产版的首页有一行醒目的黑体字："最优秀的人从不休息！"在标题下是6个房地产经纪人的照片。显然这是在告诉人们，这些经纪人之所以成功是因为他们从来不停止工作。从这些照片来看，这群人显得特别疲惫和紧张。

报纸上没有讲的是，这些人很可能要得心脏病或是中风，或者是因为过度繁忙而患上消化系统疾病。不会科学地生活，从不养护自己的身体，再加上生活、工作及心理的重负，这都是他们身体不健康的原因。说最优秀的人从不休息是不真实的，正相反，最优秀的人最知道怎样休息。他们非常爱自己，因此能够照顾好自己。最优秀的人最看重的是健康而不是竞争。

如果你自己不休息的话，那上天会让你休息。有一个说法是："健康崩溃的最确定的迹象就是感觉你的工作极端的重要。"想工作得更久更有效率，就要适当地休息，而刺激经络无疑是最好的选择。

就像要把汽车驾驶好，应保证汽车周期维护的道理一样，这不仅能使汽车经常保持良好的技术状况，还能节省维修费用。每个人都应学会"维护"自己的机体，而平时敲经络和按揉穴位是最有效的维护身体的方法。

橡皮筋一直绷着，很快就会僵硬老化没有弹性，如果绷紧一会儿，松开一会儿，橡皮筋就能够使用很久而依旧有弹性。这个道理所有人都明白。但用在自己身上为什么就不明白呢？晚上一定要按照四季睡眠来休息；持续伏案工作1小时后，一定要抬起头来敲小肠经和按揉一下颈部肌肉。

很多人抱怨，自己的颈椎病怎么都治不好，自己的腰腿痛总是时好时坏，不能断根。那是因为你没有给自己的"橡皮筋"一个合理的放松周期。人体一直得不到合理保养就像汽车延迟了维护，加快了机件的磨损和技术状况的恶化，而人的寿命也就开始不知不觉地缩短。

每个人的体质都不一样，敲经络的次数也不一样。体质好的人每天敲经络10分钟就可以了，正如状况良好的新车，在良好的运用条件下使用，可适当延长维护周期；而体质虚弱的人和工作很累的人，最好一闲下手来就敲经络，就像汽车状况较差，或运用条件恶劣的，应适当缩短维护周期一样。按照本书所介绍的敲经络和按揉穴位的方法来保养经络，相信健康会离你越来越近。

有什么病就敲什么经

流行性感冒常发在冬春季节，能否抵抗感冒，就要看个人的免疫能力了。日本曾做过一个这样的试验：冬天在一所小学里挑选两个健康状况相当的班级，一个班级每天在老师的指导下按揉足三里15分钟，与另一个不做的班级作对比，持续1个月。结果，按揉足三里的班级仅有少数几人患上感冒，而另一个班，有一半以上。

每天只需花10分钟敲经络，就可以达到意想不到的效果。当你有病的时候，通过本书前面对十四经的介绍，再看本书中的相关经络图，并按照它们的循行路线敲，很快你就会神清气爽。敲的过程中，会有不同的感觉，有时有酸痛感或者电击感，都是正常的经络反应现象。例如，当你感冒咳嗽时，你要敲的是肺经，就是手臂阴面靠拇指那条线。当你敲到某一点的时候，感觉特别酸痛，那就是穴位，多敲和按揉感觉越明显，疗效越好。

实践证明，敲经络是把健康掌握在自己手中的一把金钥匙，是一种不受环境与场地限制、简便易学、省时、行之有效、无任何副作用的健身防病治病的方法，有效率达到95%。敲经络适合于任何人群，它是人类走向百岁健康的通行证，是一种"动静结合、防治结合"的全面经络治病保健法。如高血压病人要敲心经；

冠心病就要敲心包经；糖尿病容易渴的就敲心经；吃得多饿得快的敲胃经；多尿则敲肾经。

另外，在敲经络进行治疗或保健时，宁可在取穴时产生偏离也不能偏离经络循行的路线。因为穴位只是运行在经络线上的一个点，是气血聚集的地方，即使在取穴时稍稍偏出但只要不错过经络，也可以刺激到经络的经气，起到应有的效果。所以敲经络时要按照一条线来敲，在这条线上敲击，不需要知道穴位的确切位置，也会敲到很多穴位。但是如果偏离了经络，那就不可能产生最佳效果。

敲经络除了有舒适酸胀的感觉外，还会给全身带来轻松、愉快、舒适与灵活的感觉。因此，敲经络不仅可以防病祛病，同时也有益于善于养生者大步走在健康之路上。

你会喝水吗

说到喝水，大家都觉得是小事一桩，其实喝水是很重要的，而且很少有人真正有科学喝水的习惯。一天最少要喝 6 大杯水，因为经络是能量通道，人体里的能量离不开类似电的物质。而水是良好的导电体，所以经络的通畅离不开水的参与。身体缺水时，经络就会产生导电不良的现象，而使气血滞塞，无法将身体所需的能量送达各器官组织，从而使代谢物无法正常排出，导致气血不畅，生理紊乱，以致体弱、生病。

有的人一天喝几乎不到一杯水，或者是渴极了才饮，这绝对是不行的。我们在研究中发现，体内有瘀血的人不爱喝水，白眼球有黑点、嘴唇发暗、舌头上有黑点的人就是体内有瘀血，这就要每天喝大量的水，并敲脾经上的血海穴。血海穴在膝盖内侧上两个指宽处，瘀血越重，敲血海穴时就越痛。

水能调节体温，帮助器官吸收人体摄入的营养，排解毒素和多余的盐分，冲掉人体内积蓄的负面能量。水还能降低血压，减少心脏病的发生。人体一旦缺水，皮肤会变得干燥，人也更容易疲倦，无法集中注意力，一些人还会表现出头疼、便秘、高血压、过敏反应、肾功能异常、泌尿系统感染、干咳、后背和关节痛等症状。

另外一方面，水与皮肤的关系也很密切，皮肤其实是人体最大的一个器官。它的重量占人体体重的15%～16%，如果把皮肤展开，大约有1.5平方米到2平方米，所以它是最大的一个器官，又是一个最大的蓄水池，你水喝不够了，就要动用皮肤的水，所以这人就蔫了，皮肤也就不好看了。就好像一朵花，本来应该盛开，但因为缺水，开不起来慢慢就谢了。所以人平时应该多喝水，多喝水花就绽开了，人也显得滋润了。要想美，就得多喝水。

说到补水，也要讲究科学。一下喝两三杯，随后待四五个小时都不喝，或者白天不喝，晚上一下就喝半暖壶，这叫喝顿水，对身体非常不好。特别是心功能不好的人，更不能这样喝水。喝水切忌大口狂喝，而应慢慢饮入，要一点点喝，细水长饮。一旦等到渴的时候再补水，已经晚了，人体很多器官已经受到脱水的伤害了。

另外，一些人喜欢把各种饮料和果汁当水喝，以为这样也能补充水分，其实这种做法是非常错误的。饮料和果汁中的水是蒸馏水，蒸馏水喝多了对身体十分有害。因为蒸馏水中去掉了有助于人体健康的微量元素和益生菌，而且"好斗"的蒸馏水会溶解身体内的矿盐，导致身体内矿盐缺失，引发心血管病和骨骼疾病。因此喝水就应该喝日常饮用水。

另一方面，水还对人体起到清洁的作用。大家想一下，用一盆水能洗干净你的外套吗？答案是不能。何况人体的肠面积大概是400平方米，每个人肠的长度都不一样，大概是身高的4～5倍，对人体解剖测量的数字显示，十二指肠的长度为60厘米，小肠长度可达6.7米，大肠长度则为1.5米。我曾经在门诊碰到一个来看痤疮的女病人，30多岁还长痤疮，她为此烦恼不已。问诊得知她平时没有多喝水的习惯，于是毒素瘀积经络，发到脸上。可见水还是人体的清洁剂，不是渴的时候喝一口就够的。

人在一天里从皮肤汗腺排出的水分，最少也有0.5升（即使完全不动地躺着，也会从汗腺散发出水分），最大排汗量可达到一天10升，每小时排汗量最大可达2升。有趣的是，季节不同，人体排汗量也有很大的差异，盛夏时，一个人平均1天的排汗量可达4～5升；春天及秋天，1天的排汗量是0.8升左右；冬天出汗量不大，但也要排出0.5升，相当于3大杯水。人体缺水的危害说起来实在太多了。

如何正确地喝水呢？一般说来，健康的人体每天消耗2～3升水，这些水必须及时补充，否则就会影响肠道消化和血液组成。因此建议每天至少喝2升水，相当于8杯水。天热的时候适量增加，喝4升水也不为过。而那些爱运动、服用维他命或正在接受治疗的人，则更应该多喝。

人出生时水分占身体重量的90%，长大成人后，身体内水分所占的比重逐渐降到70%，随着年龄增长，这个比例会继续下滑至50%。这个落差是惊人的，说明水分含量减少是人衰老的象征。

除了喝水，与水的接触也很重要，水可以把经络游移的有害毒素驱除体外。经常游泳或睡觉前洗个热水澡，不仅能让皮肤湿润，而且还能消除头疼脑热这样的小病。不过北方的冬天不适合天天洗澡，适合本书提倡的热水泡脚。

以下几种水不能喝：

- ·在炉灶上沸腾了很长时间的温吞水。
- ·装在热水瓶里已好几天，不新鲜的温开水。
- ·经过多次反复煮沸的残留开水。
- ·重煮过的开水。
- ·蒸饭、蒸肉后的"下脚水"。

这几种开水不适宜饮用的原因，简单地说，是在反复沸腾的过程中，水中所含的钙、镁、氯、重金属等微量成分增高了，这样就会对人的肾脏产生不良影响，而温吞水中亚硝酸盐所含的比例最大。

节制和保持胃肠清洁

饮食有节，这个"节"有两个意思，一个是节制，一个是清洁。饮食有节制，是指在吃饭的时候，要以清淡、素食为主，少吃肉，偶尔饮少许红酒，不食辛辣。平日做到一好一饱一少。早上要吃好，最好吃有咸味的早餐，补充肾气；中午要吃饱，多吃蔬菜少吃肉，粗细粮搭配，喜欢吃肉的人就得在午饭吃；晚上要少吃肉，以素食为主。为避免出现胃不和、卧不安的现象，平时要多喝粥，粥可以养胃，尤其是人病的时候胃肠功能变差，更应该喝粥。

另外，主食、副食、喝水、营养都要有一个正确的比例搭配，应当按照三分主食六分水一分营养品来搭配。主食吃三成，大概每顿2两；水包括喝水和吃蔬菜水果，占六成，8杯水和500克蔬菜；还有一分营养品，就是吃一点点营养品，比如钙片、维生素片等等，就是所谓营养的东西。但绝对不能滥吃，适可而止，现在的人就是营养过剩，所得的病基本上都是吃出来的病。还记得上面提到的吃雪蛤导致长得满脸痘的事情吧，大家要引以为戒。

另外一个"节"就是清洁，就是保证吃进肚子里的东西要干净。很多人都知道严重的食物中毒来不及抢救会要人命，但却不知道饮食不卫生就等于慢性的食物中毒。经络畅通的人，吃完不干净的食物会马上有反应，觉得腹痛，然后会吐或者拉肚子。但经常吃不干净食物的人，身体里的经络对那些细菌已经习以为常了，误认为它们是身体的一部分，就不再对抗它们，即使吃了不干净的东西身体也没反应。身体里的毒素越来越多，淤积于经络，导致经络不通，体质下降，身体就变成了酝酿疾病的沃土。经常在外面吃饭，但又很久没有拉肚子的人要注意了，你可能就是我上面所说的情况。解决办法很简单，每天敲胃经，增强胃肠抵抗力，尽量在家里吃，或者到有卫生保证的餐馆吃。你会发现你不时会拉肚子，不要担心，这是你经络开始进行自我检测后排毒的表现。

你会走路吗

想在每天的日常生活中不花一分钱就进行保健吗？太简单了！如果我们每天都把走路当做一项锻炼来对待，它的保养效果绝对会令你喜出望外。

中医有很多养生功法，其中，流传最广、影响较大的有：气功、导引、五禽戏、八段锦、太极拳、易筋经等。这些功法，可以全面、系统地锻炼身体，其养生益寿的作用世所公认。但这些功法对普通人来说还是太难掌握了，其实有一种运动是常被大家忽略，但对身体健康都是必不可少的，那就是"安步当车久"。大家都知道，只有适量运动才能拥有健康生活。但很多人抱怨没时间做，没场地做，没心情做。其实走路是最好的运动，每天走1000米左右，根据体质，慢、快均可，身体微微发热即行。

·错误观点：运动就要汗流浃背

很多人都有这样的错误观点：人只有运动到汗流浃背时才会达到锻炼身体的目的。但大家一定要知道，强烈的运动过后一定要保证充分的休息，否则就成了对身体的损耗。强烈的运动对身体是否有好处，看看运动员就知道了。大强度训练会造成身体的疲劳，这一点教练员和运动员都深有体会。

我有一个同学，脸色苍白，本来身体气血就不足，还错误地认为是自己缺少运动造成的，于是就天天去跑步，围着400米的操场跑五六圈，结果脸色越来越不好。她本来脏腑就虚弱，经这么一折腾，更虚弱了。有一次跑完步回来就四肢发冷，差点休克了。经过这一次教训，她就听我劝改成走路，再配合每天敲胃经，脸色很快就红润起来了。

现代科学实验也证明，运动促使肌体新陈代谢加速，使体内耗氧量急剧增加，产生大量"活性氧"，使人容易衰老。此外，太激烈或超量的运动，也会加剧身体一些器官的磨损和一些生理功能的失调，甚至缩短寿命。根据美国一家保险公司对6000名已故运动员的资料统计，运动员的平均寿命只有50岁，其中大多数是运动过量造成的。

德国、美国等生理学家新近的研究也发现，过多或过量的运动，会使体内各器官供血供氧失去平衡，导致大脑早衰，扰乱内分泌系统，使免疫机制受损。

人体是一个非常复杂的系统。大运动量是一个外来的刺激，不仅会对人体运动系统、经络系统产生影响，还能进而对人体的免疫系统产生不良的影响。一般来说，大强度运动后经络系统处于抑制状态，免疫水平下降，运动员容易患病就是这个道理。发明"增氧健身法"的法国健美专家肯库伯说，运动一旦超过"收益递减"的极限，人体免疫系统将受损，并丧失抵抗各种传染与非传染性疾病的能力。

为什么乌龟的寿命可长达177年？因为它每分钟的心跳只有6次，一生心脏跳动约5.6亿次。令人感兴趣和惊奇的是，科学家们研究发现所有哺乳动物（人除外）一生的心跳次数基本上是一样的，大约是7.3亿次左右，而人一生的总心跳次数约为25亿至30亿次。心脏跳得太快，就死得快。可能这也是剧烈运动对人体有害的原因之一吧。

·常走路对人体有哪些好处

生命在于运动，但无论什么运动，都应适可而止，太多太激烈，对身体无疑是一大伤害，尤其对职业运动员和需要长时间保持同一种姿势劳作的人群来说，一定要劳逸结合，只有适当的运动才能使身体健康，运动分量的拿捏不能失准，否则利未见而弊先显。有的人上班一坐就是半天，下肢活动较少。所以，要多走路或慢跑。

每天10分钟快步行走不但对身体健康有极大益处，且更能使消沉意志一扫而光。很多人对这种简单而效果显著的保健妙方持怀疑态度，但依照我的方法在心情欠佳时随意快步走10分钟的朋友，事后都不约而同地向我表示，他们的疲倦顿消，身心畅快无比，做事有冲劲，而且这种美妙的感觉至少能够维持两个小时左右。

医学专家研究表明：长期徒步行走上班的人，心血管疾病、神经衰弱、血栓性疾病和慢性运动系统疾病的发病率都明显低于喜欢乘车的人。而且，每天散步30分钟，工作效率会明显提高。

走路有助于预防许多危险的身体疾病，包括心脏疾病和中风、高血压、骨关节炎、肥胖、精神抑郁、某些类型的糖尿病以及结肠癌等。它能帮助那些目前不运动，或者很少运动，而又希望能参加一项既省时又省钱的常规运动的人。

另外，多走路还可以预防关节炎。关节炎是一种骨和软骨发生退行性改变的关节病变。医生常给予阿司匹林和布洛芬等药，但效果并不理想，如大剂量服用则会损害胃部和肝脏。最近的研究发现，按时坚持散步结合敲肝经，能使膝关节功能改善，疼痛明显减轻，服药量减少，步速敏捷。所以，人即使无病，也要坚持按时步行和敲肝经。

世界卫生组织认为，步行是最安全、最佳的运动和减肥方式。著名健康教育专家洪昭光教授也指出，最好的运动是步行。新的研究发现，经常走路确实可以防止智力衰退和老年痴呆症，对保持大脑的敏锐也有好处。每天至少走两小时路可以推迟老年痴呆症的发生达6～8年时间，对保持心脏健康也有好处。

美国研究人员对225位退休男性进行了长达8年的跟踪，发现那些每天走路少于10分钟的老人与每天走路超过20分钟的老人相比，患老年痴呆症的风险增加了80％。另外一项对16466位妇女进行的研究发现，那些每天走路30分钟的妇女与很少活动的妇女相比，前者在进行学习与记忆等大脑功能的测试中成绩更好。

每天坚持走路，可提高夜间睡眠质量。经常步行还可以增加钙源的沉积，减少钙的流失，从而使骨骼变得强健，降低患骨质疏松的可能性。所谓：饭后百步走，活到九十九。

我的一个同事在我的影响下，开始每天走45分钟的路。刚开始，他想这么走还不累得半死！但走了几天后，感觉好多了，而且告诉我晚上睡觉挺香的。

根据《新英格兰医学期刊》报道，走路可减少两成患乳癌的几率、三成患心脏病的几率，得糖尿病的几率也减少五成。所以说，最理想的运动就是走路了。就算无法每天空出一段时间走路，也要利用上、下班步行到车站的短时间走路，累积起来也能达到一定成效。

60岁以上的老人，一周3天，每次45分钟以上的走路，有助于维持较好的认知功能，一边健走一边配合深呼吸，可使全身血液活络，并让脑部循环顺畅，好处多多，且多外出走动，多与人群接触，都可让老人维持较好的社交功能，多动多看则促进脑部健康，进而预防健忘及老年痴呆。

人一旦步入中年，由于血管壁弹性变差，血压多半会上升，但步行可活络血循，减少血压上升的机会；另外，步行还具有降血压作用，不过，为了运动安全起见，高血压者要了解自身的体能状况，并从慢速的散步开始，若身体状况许可才逐渐增加速度，每日步行最好持续30分钟。研究发现，常走路的人血液循环较好，血液可流到并聚集在肝脏的众多微血管的末端，促进肝脏代谢功能，减少脂肪累积避免脂肪肝。

年龄愈大，骨质流失的问题愈严重，尤其是停经后的妇女更应注意骨质疏松造成的腰酸背痛或骨折，走路是承载了全身体重的负重运动，只要每天走5000至10000步，就能有效预防骨质疏松。

须提醒老年人的一点是，冬天不宜早起锻炼。老年人各组织器官功能逐渐衰退，对气温变化的适应能力减弱，而上午又是老年人血压上升的高峰期，冬天降温时，老年人早起进行锻炼容易引发心肌梗死、脑梗塞、脑溢血等急性心脑血管病症。此外，老年人早起后血液比较粘稠，循环阻力较大，此时运动会引起心跳加快、心肌耗氧量增加，使血压进一步升高，易导致严重后果。

·走路有什么学问

别小看走路的学问，这项人人都会的运动，如果方法不对，很可能会适得其反。正确的健身步行应当是挺胸抬头，迈大步，每分钟大致走 60～80 米。上肢应随步子的节奏摆动，走的线要直，不要左弯右拐。每天步行半小时至 1 小时，强度以体质而异，一般以微微出汗为宜。只要坚持 3 周就可见到显效。下面还有几种步行锻炼方法供你参考。

（1）普通散步法

用慢速和中速行走，每次 30～60 分钟，每日 2～3 次。适宜在风景秀丽的地方。

（2）快速步行法

每小时步行 5～7 公里，每次锻炼 30～60 分钟。步行时心率控制在每分钟 120 次以下，这样可振奋精神。

（3）定量步行法

包括在平地和坡地上步行。例如在 3 度斜坡上步行 100 米，渐渐增至在 5 度斜坡上行走 15 分钟，再在平地上行走 15 分钟。

（4）摆臂散步法

散步时两臂有节奏地向前后摆动，可增进肩带胸廓的活动，适用于有呼吸系统疾病的人。步行时应伴以昂首远望、抬头挺胸、双肩大幅摆动，有助于调整长期伏案的姿势，防治颈椎疾病。因为头部重量约占体重的 1/10，由颈椎与覆盖颈部到背脊的肌肉所支撑，如果驼背或姿势不良，肩胛肌的负担过重，肩膀和颈椎就容易僵硬酸痛。现代人坐太久总难免习惯性弯腰驼背，如果长期驼背或姿势不良，肩颈负担过重，肩膀就容易僵硬酸痛。最有效的方法就是一边双肩大幅摆动，大跨步前进，一边敲手臂阳面靠小指的那一条线的小肠经。

（5）摩腹散步法

一边散步，一边按摩腹部，这对有消化不良和胃肠疾病的人很有益处。

走路看起来不像是最有效的运动，一些人甚至怀疑它是否能够称得上是一项运动。然而还有什么运动能像走路这么便宜、这么容易而且自由自在呢？你所需要做的就是从沙发上站起来，迈步走向天地间。只要每天认真地走上30分钟，就足以使你受益多多。

让手足天天温暖

我们知道，自然界中一切生物为了自己的生存和繁殖，都是离心生长，而不是向心生长的，经络也不会例外。根据这个观点推测，经络的根和本在人的体内，在脏腑；经络的枝和梢在人的体外，在指趾。也就是脏腑是经络的根本，而指、趾是经络的枝梢。这个结论，是人类在长期生活中自然形成的经验。

天地的寒气经常会从我们的手足进入我们的身体，而经络气血的正常流通需要恒定的温度，中医认为寒则凝，就是说，寒气会让经络气血流通不畅。如经络轻度堵塞就让人感冒、头痛，手足长期接触寒气，经络严重堵塞的话，就会得腱鞘炎、关节炎等疼痛难忍又很难痊愈的病。在医院骨科，很多得了腱鞘炎、手足关节肿痛的中老年妇女来看病，原因就是她们不注意手的保暖，经常大冬天接触冷水，寒气长时间郁闭经络造成的。寒气一般都是从手、足、口进入人体的，比如经常吃生冷的东西，大冬天经常用冷水洗东西，平时爱打赤脚，这些生活上不注意的小细节都会让寒气有机可乘，侵犯人体经络使人致病。

新加坡人有一种习惯，就是在室内打赤脚，足底直接与地面接触，寒气直接从足而入，因此新加坡人患腰腿痛的很多，所以任何时候都不能打赤脚。

手足的温度是衡量你是否足够保暖的标准。比如炎热的夏天，人们都喜欢开空调，不注意掌控温度就很容易得病，这时，你若是觉得手脚冰，寒气就容易进入体内。冬天也是一样。

脚上的穴位与脏腑之间有很亲密的关系，所以我建议大家天天用热水泡脚，可促使全身经络畅通，达到强筋骨的目的。洗脚时，顺便按压足底的涌泉穴，它是肾经的穴位，可以帮你迅速消除一天的疲劳，马上恢复精力。每天养成热水泡脚的习惯，保持足温，让寒气从脚底排出，促进全身循环，就能保证人体新陈代谢的功能正常运转。热水泡脚还能健脑安神，防止失眠和畅通气血。

现在生活水平提高后，洗澡的方便使很多人从不泡脚，洗澡及泡澡使全身皮肤血管扩张，血液流向肢体的多了，内脏及脑就易出现缺血的症状。所以，过度疲劳的人洗澡及泡澡时容易出现头昏、心慌、乏力的症状，而疲劳时用高一些的桶好好地泡一泡脚，通过热力的作用，使血液循环加快，改善心脑各器官的供血，随着热力的不断增加，人就会微微出汗，这就是血液循环加快的结果。从内往外的出汗，一是疏通经络，二是排了寒气及体内的废物，三是调节体温降虚火，四是改善血液循环，放松血管和神经组织，使高血压降低，低血压升高，对血压有非常明显的双向调节作用。

另一方面，正电离子对人体有害，当双脚与水浸泡接触时，带负电位的水离子，透过双脚，把人体的正离子引出体外，脚底两万多个毛细孔可将带正电的垃圾运出体外，有效促使人体细胞膜上的离子重新排序，使人体进入环保的高速运转。

临睡前去泡脚，胜过天天吃补药。经络贯穿于全身的各个部位，形成一个遍布全身的纵深的网络。而手足是经络主枝的顶梢，指趾井穴在治疗脏腑病和经络病方面有巨大的功效。我在长期的实践过程中是亲身体验和深深感受到这一点的，所以，我建议大家每晚一定要用热水泡脚半小时。

你会睡觉吗

《人体使用手册》的作者吴清忠提倡早睡早起。但我认为他说得不够全面，何况冬天是不应该早起的。我国传统医学养生理论认为，冬季是阴气盛极、万物收藏之季，自然界生物处于冬眠状态，以待来年春天的生机。人要懂得顺应自然的规律，冬季正是人体休养的好时节，人们应当注意保存阳气，养精蓄锐。冬季起居，应该与太阳同步，早睡迟起，避寒就暖，最好是太阳出来后起床，才能不扰动人体内闭藏的阳气。特别是老年人，冬天不宜早起。老年人气血虚衰，冬季锻炼，绝不可提倡"闻鸡起舞"。《黄帝内经》在论述冬季养生时说："早睡晚起，必待日光。"意思是说，冬天要早些睡，早晨不要起得太早，要等到太阳出来以后才能出门。这是因为冬天气候寒冷，气压较低，污浊的空气聚集在靠近地面的空间，太阳出来以后，气温升高，污浊空气会逐渐飘散，这时再出门才有利于健康。

根据中医古籍记载，应提倡四季睡眠和子午觉，这是人们应该养成的习惯。睡眠时间要顺应四季的气候变化，春季万物萌发，要入夜即睡，适当早起。夏季阳气旺盛要稍晚入睡，适当早起。秋季阳气收敛，要早睡，在鸡鸣时起床。冬季阳气内藏，要早睡晚起，最好是太阳出来后起床。也就是说，每个季节的早睡时间和起床时间都是不一样的，要顺应季节和身体体质才好。

每日午饭后，也应有睡午觉的习惯。中医十分重视"子午觉"，子时是夜间23点至凌晨1点，午时是白天11点至13点。这两个时辰身体在造血，适合于休息。

中医老用独参汤抢救大出血的病人，大家都知道人参是用来补气的。前贤认为："斯时也，有形之阴血，不能急生，无形之气，所宜急固。故以独参主之，取其为固元益气之圣品尔。"气是无形的，可以迅速生成，血是有形的，不可以马上生成，因此用人参迅速生成气来维持生命，过了危险时期再慢慢补血。这就从另外一个侧面告诉我们，身体的阳和气都容易补足，而补人体的阴和血却需要一段时间才行。所以睡觉养血更不是一朝一夕的事情，需要持之以恒。

睡子午觉，晚觉和午觉不要睡颠倒了，中午打个盹，别在中午睡太多，中医有句行话叫"吃着馒头挡住饭了"，白天睡多了，晚上睡不着。晚上不要熬夜，最晚在12点以前就要睡，别熬夜。有人说我晚上多干点儿，白天我多睡会儿，其实这样阴阳颠倒，会严重影响经络运行。人和大自然都是有生物钟的，按照这个钟点走，人才能经络通畅。

门诊遇到过一个20多岁的女孩，由于太胖来就诊，她有一个坏习惯，晚上两三点才睡觉，白天不到吃午饭时就不起床。而且她的饭量不大，跟正常人差不多，但体形很胖。西医说她内分泌

人体经络使用手册

失调，其实按中医来说她是经络功能紊乱，是由于不应时而睡造成的。我嘱咐她按照四季睡眠和睡午觉，每天敲三焦经，调节体内水液代谢。一开始她躺在床上睡不着，但依然遵嘱到点就上床，慢慢就调整过来了。调理了半年，没有打针吃药，她摇身一变成了个亭亭玉立的姑娘。

所谓"子午"是古人的一种说法。十二时辰中，子时是半夜，是由阴转阳的时候，午是中午，是由阳转阴的时候。子午是阴阳转化的起始和界限。古人认为，这个时间是阴阳盛衰之时，人应该入静，以适应自然界的这个变化。尤其是晚上23点入静，更为重要，所以熬夜对身体损害较大。

中医认为"天人相应"，也就是说，人生活在天地之间，与自然界息息相关，人的气血活动也和自然界一样是有节律的，跟自然界的水流、日月的运行都有联系。睡眠也应顺应四季变化，根据四季日月运行特点的不同来调整睡眠时间。中医的经络原理都比较讲究顺从，不挑衅命运，不做极致的反抗，一切顺从自然。如果天热了你去吃狗肉、鹿肉、羊肉，那马上就会热出病来，口鼻冒火，甚至流鼻血、咽喉疼痛、大便干燥、胸闷心烦；如果天冷了你去吃西瓜，轻者呕吐、胃痛、腹胀，重者腹泻、腰疼。我一个朋友的父亲就是大冬天吃了半个西瓜，1小时后突发脑中风去世的。这就是顺者昌、逆者亡的道理，睡觉的道理也一样。

"宁可食无肉，不可睡不寐"，可见睡眠是人生理、心理的必需和健康不可缺少的组成部分，甚至超过饮食的作用。到目前为止，没有什么仙丹妙药能够代替睡眠，现代人大多"够吃不够睡"。

人体活动与自然环境息息相关。自然界中的温热、冷湿和朝夕光热的强弱，随时都影响着人体的气血流注，并呈现一定的节律性。由此可见，人体内部存在着适应自然而灵敏度很高的信息传递和调节系统，这些系统一旦遭受破坏，就会导致疾病发生。古人早就认识到这点，所以要采用四季睡眠来适应大自然的变化。

在这里，我提请大家注意以下几点：

（1）要保证一定的睡眠时间。有人误认为睡的越多越好，其实过多睡眠会伤气，过少会损精耗神，日积月累，损命折寿。气无形，是动力，血有形，是营养。运动可以养人体的气，但过度运动就耗血；睡眠可以养人体的血，但过多睡眠就耗气。

睡眠时间的多少，要依年龄的大小、体质、季节气候、工作情况来决定。婴儿睡眠时间要长，一般1岁以内每天睡眠不少于16小时；3岁以内，每天睡眠不少于12小时；学龄前，每天睡眠不少于10小时；中小学生时期，每天睡眠不少于9小时；成年人每天睡眠不少于7小时；中老年人的睡眠时间要适当多于年轻人。

（2）睡眠最好要有一定规律，定时睡眠，定时起床。每天睡眠时间的长短不要相差太多，最好不要超过半个小时。最好要有午睡。

（3）睡眠的姿势最好是蜷腿右侧卧。不宜仰卧，更不宜左侧卧。卧时两足不宜悬高，宜闭口，两手不要压在心口处。春夏头宜向东，秋冬头宜向西。

（4）吃饱后不宜马上就睡。晚饭吃少，为避免出现胃不和、卧不安的失眠现象。睡眠时，头前不要点灯，防止扰动心神。头前不要放置取暖器等，以防火热伤人津液，出现头重、目赤、鼻干症状。要避风、雾、露。睡觉感觉热，不要喝水后即睡。夜晚时不要交谈，俗话叫"睡不语"。卧室要注意隔音，防止惊吓。

（5）起床前要先在床上醒3～5分钟，然后慢慢坐起，以免出现头晕目眩。而且，在临睡时及起床前，要做揉腹运动。方法是：平卧，全身放松，以左手心按腹部，右手叠于左手背上，逆时针旋转64周，然后顺时针旋转64周，再自胸部向腹部，自上向下，推按64下。用力宜轻柔,将力透于皮肤之下,又不可用力太大。一般在每日睡前做,当身体不适时,每日在晨起和睡前各做一次。这种方法可以很好地调节胃肠功能,尤其对便秘的人有意想不到的效果。

简单有效的手保健

·手指交叉能提神

当感到大脑迟钝、精力不集中时,不妨把双手手指交叉地扭在一起。可能有的人把右手拇指放在上面,有的人则把左手拇指放在上面。哪只手的拇指放在上面,产生的效果是各不相同的,所以某只手拇指在上交叉一会儿后,要换成另一只手拇指在上交叉。如果这样感觉不舒服,这是由于采取了与平时不同的动作,会给大脑一种刺激,由此可以促进大脑功能的提高。

然后,使手指朝向自己,某只手拇指在上,从手指根部把双手交叉在一起,并使双手手腕的内侧尽量紧靠在一起。紧靠一会儿后,换成另一只手拇指在上交叉。这也同样会给大脑以刺激。一般交叉3秒钟左右就要松开,然后再用力地紧靠在一起,反复进行几次。

·拍击手掌脑清爽

手掌中央存在着有助于增强心脏功能、开发大脑潜力的重要部位。只要对此进行强烈刺激,大脑潜力就能得到开发,原来早上懒得起床或白天要打瞌睡的人,头脑就会变得清爽。要达到这个目的,只要强烈地拍击双手手掌就行。

把手掌合起来拍击时会发出"嘭嘭"的声音，这个声音通过听觉神经传到大脑，可以增强大脑功能。如果早上爱睡懒觉，白天昏昏沉沉，记忆力不佳，注意力也不集中，就应该进行拍击手掌的锻炼。

这种锻炼方法很简单。早上，如果想睡懒觉时，可以把双手向上方伸展，强烈地拍击手掌3次。接着，把向上方伸展的双手放在胸前，再拍击3次。应该注意，手腕要用力伸展，尽量使左右手的中指牢牢地靠拢。

这样一来，头脑的模糊和心中的烦躁都可以完全消除。早上头脑清醒，是一天最重要的起点。通过拍击手掌，就可以精力充沛地进行学习和工作，并能提高效率。

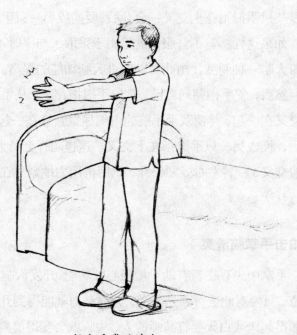

拍击手掌脑清爽

简单有效的脚保健

·敲击脚底消疲劳

　　每晚临睡时只要用拳头"咚咚"地敲击脚底，就可以消除一天的疲劳。

　　脚底与人体器官有密切的关系，通过敲击对脚底给予适度的刺激，能促进全身血液循环，内脏功能得到增强，全身的精力也恢复了。

　　正确的脚底敲击法，是以脚掌心为中心，有节奏地进行敲击，以稍有疼痛感为度。可以盘腿坐在床上或椅子上，把一只脚放在另一条腿的膝盖上进行敲击。每只脚分别敲击100次。但是不可用力过度，以免引起出血。

敲击脚底消疲劳

·单脚站立强内脏

　　乘坐公交车上下班时，是锻炼脚底的良好机会。锻炼方法非常简单，就是采取"金鸡独立"的姿势，踮着脚尖站立着。初时也许很不习惯，而且感到非常痛苦，那么，可以先让双脚的脚后跟稍微离开地面一些，习惯以后，再踮着双脚的脚尖站立，最后过渡到踮着一只脚的脚尖站立。

　　单脚站立时，可先踮着右脚的脚尖站1～2分钟，再休息1～2分钟，然后踮着左脚的脚尖同样站立1～2分钟，反复地进行。

　　单脚站立对腰部和脚部的强化作用不言而喻，而更重要的是有利于增强内脏功能。

单脚站立强内脏

·脚尖登楼梯平血压

除了在乘车时采用踮脚尖锻炼之外，日常生活中也可以抓住一切机会锻炼，踮着脚尖登楼梯就是一个能使人全身得到锻炼的好机会。

踮着脚尖登楼梯，可以使血压平稳，而且精神饱满。与平地行走相比，登楼梯的运动量更大。不但可以使肌肉、呼吸器官和循环器官得到锻炼，腰部和脚部肌肉也得到增强，全身的机能都能得到改善。同时，由于尽可能踮着脚尖登楼梯，脚前掌得到锻炼，与之联系的内脏和大脑功能也会得到增强。

脚尖登楼梯平血压

·刷子摩擦脚底美白皮肤

使皮肤白皙而细嫩是女性朋友最关心的事情。其实，只要刺激脚底，就可以使皮肤健美，方法就是在洗澡时用刷子摩擦脚底。由于人体的一切内脏都与脚底相联系，所以，通过刷子的刺激，可促进体内激素的分泌，使皮肤变得白嫩。

实行这种保健法时，并不需要专用的刷子，只要使用一般家用的刷子就行。但是，应该选用天然纤维的刷子，而不可使用化学纤维制成的刷子。因为天然纤维的刷子比较柔软，不会损伤脚底皮肤。

刷子摩擦脚底美白皮肤

·揉搓小趾助分娩

对女性来说，分娩可以说是一生中最艰难的事情。为了使分娩顺利地进行，在家中可以实行简单易行的"安胎按摩"，就是充分地揉搓小趾。小趾是与子宫和膀胱等器官相联系的，子宫的功能不活跃或者异常，是难产的原因。因此，只要刺激并锻炼小趾，就可以提高子宫的功能，并且顺利地生下婴儿。

这一方法的要点是要经常去做。即使不便用手指去揉搓时，也可以使用意念转动小趾，这同样能取得效果。如果按摩和转动同时并行，则效果更好。

揉搓小趾助分娩

第九章

中医就是要察"颜"观"色"

为什么要看别人的脸色

当你身体没感觉不舒服的时候，有两种情况，一是你身体原本很好，很健康，值得庆祝；二是你身体的经络对疾病已经不敏感了，麻木了。其实，身体感觉不舒服是机体经络正在与邪气作斗争的反应，不是一件坏事。有一种疾病叫先天痛觉缺陷症，得了这种病的人一生下来就没有痛觉，皮肤破了流血也不觉得疼，一般只能活到10来岁，因为这种人对疾病没有任何的防御意识，所以是一件很危险的事情。若是你的经络处于麻木状态，情况就有点类似于先天痛觉缺失症了。

当你身体没感觉不舒服的时候，你想知道自己究竟是不是处在健康状态，很简单，只要你看看镜子里自己的脸色怎样就知道了。为什么有的人平时不生病，一生病就很严重呢？那是因为身体经络处于麻痹状态，没有感觉到疾病正一步步走来，等到发现时身体已经崩溃了。所以平时要密切注意自己的脸色。

我们说皮肤好像是玻璃的两个面，你光把外边擦干净了还不行，还得重视内里的调护，也就是说重视整个身体的调养。经络是我们祖先的伟大发现，经络理论是中医理论的基石之一。脏器就好像一个水池，而经络正是水池的下水道，水池能否正常工作，完全取决于下水道是否通畅，当下水道不太通畅时，它会经常冒泡泡提醒你，比如长疖子、囊肿，就是在提醒你下水道不太通畅了，这时我们就要注意多喝水和敲胃经。

如果说眼睛是心灵的窗户，皮肤就可以说是人健康的一面镜子，中医搞望闻问切，病人一进来，首先是望诊，望诊首先就望颜面，看气色好不好，然后望这人的年龄，然后是望这个人的精神状态，情绪好不好，有什么不开心的事，最后就望健康了，大夫望诊主要望健康，看看你有没有五脏六腑的病在脸上表现出来。中医望诊的内容就是望面色、望神色，这些都会反映你的健康情况。

面部的色泽是血气通过经络上注于面而表现出来的，气血的盛衰及运行情况必定会从面色上反映出来。中国人的健康面色通常是微黄，显红润而有光泽，否则，就是不健康的表现，需要引起注意。虽然这时你可能身体上没有感觉任何不适，但你的身体肯定是处在本书前面提到的潜证阶段，身体可能在酝酿某种疾病而自己却不知道。

每个人肤色都不一样，有的人偏黑，有的人偏白，人的肤色会随四季转移，春天脸上略带青色，夏天略带红色，长夏略带黄色，秋天略带白色，冬天略带黑色。这都是正常的脸色。健康人脸的气色应当隐显于皮肤之内，红黄隐隐，鲜明润泽，表示气血充足健康无病。但也有稍偏某种颜色而一生不变的，也属正常现象。不过，不论偏于哪种颜色，都以明润蕴蓄为好。

望面部色泽之所以能够判断疾病，是因为心主血脉，其华在面，面部血脉丰盛，人身"十二经脉，三百六十五络，其血气皆上于面而走空窍"。

另外，就颜色与光泽相对而言，颜色属阴、属血，可反映血液的盈亏与运行情况，还可反映不同的病性和病位；光泽属阳、属气，可反映脏腑精气和津液的盛衰，对判断病情的轻重和预后有重要意义。有人脸上只有隐红而没有光泽，说明身体血足，但缺乏运动；脸上有光泽但没有血色，说明身体气足，但睡眠不足。运动养气但过量则耗血，睡眠养血但过量则耗气，两者要合理配合，缺一不可。

人体在患疾病的时候，面部会出现异常色泽，这种异常有很多种情况，比如晦暗、灰暗而无光泽，干枯缺乏津液或某种面色过度显露于外，或虽明润蕴蓄，但不应时节。

面部病色的显露程度与光泽的有无，受疾病的轻重、浅深、病性等多种因素的直接影响。一般而言，新病、轻病、阳证，病色虽显但尚有光泽；久病、重病、阴证，病色多暴露而晦暗、枯槁。一般癌症病人，脸色都是晦暗无光。记得有一个患了鼻咽癌的病人述说自己的发病情况，他以前生活习惯就是时好时坏，一个月前老出去应酬，熬夜喝酒，持续了十几天这样的生活，脸色变得特别差，最近体检才发现了自己的病。

看五种脸色可以看出人是否健康

（1）青色：春天，本来脸部略带青色是正常的，但却呈现黄色，因为春天令人体的肝经过于旺盛，如果这人同时还有脾经气血虚弱症状的话，就更明显。肝经属木，脾经属土，木克土，过多的树木生长在一块瘦弱土地上，土地就会承受不住。这时，要恢复正常就要敲脾经和胃经。

（2）赤色：多因热盛而使面部脉络扩张、气血充盈所致，亦可见于虚阳浮越。主热证，亦见于戴阳证。满面通红者，多属外感发热，主要敲手臂阳面靠大拇指那条线的手阳明大肠经。脏腑火热炽盛的实热证，主要敲腿外侧两阳经、胃经和胆经。一到下午两颧骨部位就出现潮红的人，多属阴虚阳亢的虚热证，要敲小腿内侧的三条阴经，因为体内阴不足，所以要敲三条阴经全面补阴。

（3）黄色：多由脾虚不运、气血不足、面部失荣或湿邪内蕴所致。主脾虚、湿证。面色淡黄而晦暗不泽者，称为"萎黄"，多属脾胃气虚，气血不足。面色淡黄而兼虚浮者，称为"黄胖"，属脾气虚衰，湿邪内盛。主要敲脾经和胃经，分别敲小腿的内侧和外侧，全面增强脾胃功能，敲几个月，就会明显感觉脸上黄气不在了。

面、目、尿俱黄者，称为"黄疸"。若黄色鲜明如橘皮者，为阳黄，乃湿热熏蒸所致。黄色晦暗如烟熏者，为阴黄，乃寒湿郁阻所致。若面色苍黄（黄中透青）者，多属肝郁脾虚。还有小儿面色青黄，或乍黄乍白，肌肉消瘦，皮毛憔悴，腹大青筋，为"疳积"。出现上述情况一定要上医院，在家辅助敲肝经和胆经调理，可达到事半功倍的效果。

（4）白色：多由气虚血少，或阳气虚弱，无力行血上充于面部络脉所致。主虚证、寒证、失血、夺气。在自然光线下用镜子照，发现面色淡白无华，牙龈、下眼睑内、唇、舌色淡者，多属气血不足。如有些人，面色较白，体型肥胖，中医称这些人为气虚，或阳虚之体。这些人尽管体胖，但体质较差，容易得感冒。这就要严格按照本书介绍的保养经络法，着重敲胃经，就是沿着小腿前骨外一指宽的地方敲。面色淡白而面浮肿者，为阳虚，兼虚浮者，多属阳虚水泛。应每天用手掌推后背正中线的督脉，反手推后腰正中就行，推到整个身体觉得温热就行，只需几天就能看到脸色红润，不再浮肿。

（5）黑色：多因肾阳虚衰、血失温养、脉络拘急、血行不畅，或肾精亏虚、面部失荣所致。主肾虚、寒证、水饮、血瘀。面黑暗淡者，多属肾阳虚，因阳虚火衰，水寒不化，血失温煦所致。面黑焦干者，多属肾阴虚，因肾精久耗，阴虚火旺，虚火灼阴，机体失养所致。眼眶周围色黑者，多属肾虚水饮或寒湿带下。这些情况都以敲肾经为主，推督脉为辅。面色黑而晦暗，肌肤像鳞片一样粗糙的人；白眼球有黑点，有黑眼圈，嘴唇发暗，多为瘀血久停所致。脾经上有一穴位叫血海，专门治身体内有瘀血的，就在膝盖内侧上两个手指宽处，敲脾经时在血海穴多停留几分钟，一般有瘀血的人，敲到血海穴也会有酸痛难忍的感觉。

色是各种色泽，它是反映脏腑气血的外荣，也是疾病变化的表现。色，就是上面讲到的青、黄、红、白、黑五种；泽，是色的荣、枯、明、暗等。色与泽必须等同重视，根据不同的色泽，可以看出气血的盛衰和疾病的发展变化。

健康人的面部随着季节、气候变化，或由饮酒、劳动、情绪变化、日晒等引起的临时性面色改变，不属病色，望面色时尤当鉴别。例如，剧烈运动、饮酒、日晒、情绪激动（害羞或愤怒）时，都能引起短暂的面部潮红；寒冷、惊恐等刺激引起的毛细血管强烈收缩，即可使面色变得苍白；老年人的面部，可见许多褐色斑点，称为"老年性色素斑"；妇女在妊娠期面部出现棕褐色对称斑块，称为"妊娠斑"，这些都属于正常生理现象。

通过观察病人全身皮肤，主要是面部皮肤的颜色和光泽的变化，可了解脏腑的虚实、气血的盛衰、病性的寒热、病情的轻重和预后。这种方法具有悠久的历史，早在两千多年前的《内经》中就有望色诊病的详细记载。中医认为，体内发生的病变，必然会反应到体表，面色就是这种体表反映之一。

中国人认为五色主病，即"色青多为肝病，色赤多为心病，色黄多为脾病，色白多为肺病，色黑多为肾病"。这种说法揭示了面色和健康的一些内在联系。一般来讲，不论什么颜色，如鲜明、荣润，表示病变轻浅，气血未衰；如晦暗、枯槁的，表示病情深重，精气大伤。

下面就病态面色做一些简要的介绍，发现以下情况需要马上就医。

面红：多为热症。高血压者面部红光满面。结核病者由于低热，而两面颧呈现绯红色，特别以下午为甚，这是阴虚火旺的表现。红斑狼疮者的面颊上有对称的蝶型红斑。赤色见于颐（面颊及腮）上，是心脏有病。煤气中毒时，面部也泛出樱桃红色。面色通红，伴有口渴甚至抽搐，常见于急性感染所引起的高热性疾病者。

面黄：要区别由疾病引起的发黄或进食引起的发黄。食胡萝卜过量或小孩子吃橘子时，鼻旁会发黄，停食后即消退。如果不是进食引起发黄，则面黄最多见的是黄疸病。如巩膜及全身都为黄色，多见于黄疸型肝炎、胆道结石、胆囊炎、胆囊癌和胰头癌等病症。钩虫病病人由于长期慢性失血，造成面色枯黄，俗称"黄胖病"。中医认为，黄色鲜明属于湿热，黄色晦暗多属于寒湿，面色萎黄，多为心脾虚弱，营血不足，面黄浮肿为脾虚湿。此外还有疟疾、药物中毒等，也会引起面黄。

面白：健康人的脸色是白里透红，经常不出门在家里待着的人皮肤也白，可病态白是色如白蜡。比如在临床上经常可以见到虚寒病症、贫血及某些肺病者，里寒的剧烈腹痛，或外寒的恶寒战栗重者，往往面色苍白。肝病见白色为难治之病。白色见于两眉之间，是肺脏有病。甲状腺机能减退症、慢性肾炎等患者的面色，较正常人苍白。铅中毒时，患者以面色灰白为主要特征，医学上称为"铅容"。寄生虫、白血病等患者，长期室内工作及营养不良者亦见此色。肠道寄生虫病，面部可见白点或白斑。此外，出血性疾病、经常痔疮出血、妇女月经过多，也会造成面色苍白。休克病人因面部血液循环受阻，也会脸色发白。中医认为，面色苍白属于虚症和寒症。

面青紫：一般说来，面色青紫是缺氧所致。无论何种原因引起的窒息、先天性心脏病、肺源性心脏病、心力衰竭等疾病都可出现面色青紫。胃部或肠部之痉挛性疼痛、虫痛，胆道疾病引起的胆绞痛时，可使面色青紫。肺结核病晚期、肺气肿、慢性支气管炎和严重肺炎病人，面色常铁青。小儿高热，面部出现青紫，以鼻柱与两眉之间较为明显，是将发惊风的预兆。此外，忍受某种剧痛时，面部也可隐约显出青晦气。

面黑：是慢性病的征兆，肾上腺皮质功能减退症、慢性肾功能不全、慢性心肺功能不全、肝硬变、肝癌等疾病者，都可出现面色变黑。病情愈重，颜色亦愈浓。古语云："黑色出于庭，大如拇指，必不病而卒死。""庭"在颜面部最高位置，即额部，此处出现黑色，是病情危重的信号，病人常会衰竭而死。长期使用某些药物，如砷剂、抗癌药等，亦可引起不同程度的面色变黑，但一旦停药后即可恢复正常。

敲经络就可以让你容颜如春

爱美的朋友们很关心如何保护自己的皮肤，除了每天敲经络外，这里我再给大家提供另外一些建议。

你若属于肝气郁结体质，平时比较爱生闷气，就会影响到体内经络脏腑的正常活动，会脸色灰暗、有黑眼圈、黑斑，这就要每天敲肝经。用力不要太大，稍稍感觉到痛就行。肝经就在腿的内侧，在办公室休息时可以敲大腿内侧，在家看电视时可以敲小腿内侧，敲小腿内侧的那一段效果稍微好一些，因为那一段穴位比较多，感觉也比较明显。一开始肝经瘀滞比较严重时，敲上去会没感觉，每天敲，三天以后就会有酸痛难忍的感觉，再敲一段时间就会有比较舒服的酸胀感。

当人体脏器的供水系统发生障碍，脸色就会愈来愈黑，而且愈来愈干而灰，人也愈来愈瘦。这种情况必须每天敲肾经，而且要持之以恒。因为出现这种情况不是一天形成的，冰冻三尺非一日之寒，最少也要用一二年的时间。肾经就在腿的内侧，肝经再往后一点，因为拳头敲打的范围比较大，所以有时候你会两条经同时敲到，一举两得。还有就是每天热水泡足10分钟，因为肾经的涌泉穴就在足底。逐渐地你不仅会发现自己脸色红润，还会发现身体的精力也旺盛了。

如果小孩的脸色突然呈现较为苍白的颜色，就预示着这个小孩快要感冒了，而且是肺实的症状，需要及时敲肺经以防万一，肺经就在手臂的阴面靠外一点，轻点敲，敲到皮肤微微发红就行。

经络情况的判断不同，有可能开出不同的方剂。看了本书，你会发现解决很多病都可以敲同一条经络，这就是所谓的异病同治。正是由于这种整体治疗的观念，所以才会出现便秘、色斑、痛经、白带异常、脸色灰暗等症状的一同消失。

有的人身体经络不正常，某些部分过于亢奋，通过诊断调整，是机能亢进。脸色赤红，要敲心经。心经就在手臂的阴面靠内侧一点，敲心经的时候，可能出现麻感、电击感，这都是正常现象。调整了很快就能见效，短时间内脸色可由黄转为红润，恢复一切正气。

女性朋友如果月经不规则，面色容易暗沉；经期拖得长，容易贫血，面色就苍白或萎黄。月经不正常，无论是哪一种情况，虚也好，实也好，都可以敲足太阴脾经，这就是经络的双向调节作用。脾经在腿的内侧，在肝经与肾经的中间，尤其在脚内踝骨头上四个手指头处，有一个穴位叫三阴交，是妇科病的要穴。敲脾经敲到三阴交穴时，就会强烈感觉到酸胀。月经顺了，气血充足了，自然就会有好气色。

胆经不通的时候，脸像蒙了一层薄薄灰尘似的，怎么也洗不干净，身体皮肤也没有脂润光泽，而且嘴里发苦，好叹气。肝经和胆经都是五行属木的，树木都喜欢自由自在地向外生长，不喜欢被压抑。当人心情抑郁的时候，就会使胆经瘀阻。这时除了每天敲胆经外，还要调节自己的情绪，情绪愉快可以减轻胆经的瘀阻，反过来胆经通了，情绪也会舒畅，这是相辅相成的。胆经在腿部的外侧，大腿那段比较好敲，但小腿那段效果较好。敲胆经时要均匀有力地慢慢敲，来回敲十来分钟就可以。

脸色苍白是贫血、慢性肾炎、甲状腺功能减退等疾病的征兆，每天必须敲胃经，按揉足三里穴；脸色发黄是脾虚的表现，要每天敲脾经，如果有时突然出现脸色变黄，则很可能是肝胆"罢工"的迹象，急性黄疸型肝炎、胆结石、急性胆囊炎、肝硬化、肝癌等患者常会发出上述"黄色警报"，这时要就诊并且每天敲肝、胆经，尤其是皮肤晦暗的那种。另外我们还发现，20多岁的小女孩里，皮肤晦暗的还挺多，也就是面色无华，这是皮肤处在亚健康状态的表现，像这样的人，在日常生活中应该每天敲胃经。

第十章

万病不求人

敲经络的关键就在于根据不同的病敲不同的经络,例如胃病就敲胃经,肺病就敲肺经等。通过敲经络调节阴阳的偏盛偏衰,使机体转归于"阴平阳秘",恢复其正常的生理功能,从而达到治愈疾病的目的。

杀灭感冒菌、杀灭癌细胞、哪里坏了就割掉它等医疗方式是西方医学对疾病采取的主要手段。其实我们的身体从上到下,从里到外,各个部位可能都有细菌病毒。因为我们呼吸的是大自然的空气,喝的是大自然的水。大自然给了人生存的权利,同样也给了细菌病毒生存的权利。存在的就是合理的,那么为什么我们没得病呢?大肠里也有很多细菌,当菌群正常的时候还可以帮助我们消化食物，当菌群失去平衡就会产生疾病，所以说，我们是可以和这些细菌病毒和平共处的。什么时候得病，不仅仅是细菌病毒多少的问题，很重要的一个病因是你自身的状态是不是给致病因子创造了生存发展的条件。这是一个很重要的问题。

每个人都可以成为经络的敏感人

疾病的发生来自于人类外部环境与人体内部环境的不协调和人体内环境本身的不协调。当整体环境的压力对机体产生压力时，人体经络自然产生记忆，进而影响人体各部分腺体激素的分泌，从而导致体液失衡或人体内各类微量元素的蓄积和分泌量

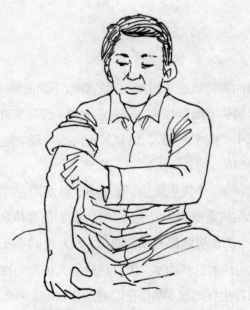

每个人都可以成为经络的敏感人

少，导致产生各类因素的疾病。

当人体致病因素缓解时，有时会调节人体经络记忆的功能，而其他如刺激或药物的方法又会使人体内部经络突然变成正常，当然这是暂时性的稳定态，这一阶段的平衡一旦由于某种原因而失衡就会形成恶性循环，导致疾病发生即为后期或晚期。比如一个人感冒了还吃煎炸油腻的食品导致牙龈肿痛，西医给他消炎药，吃了牙龈是不肿痛了，但一不注意又复发了。这是因为感冒使大肠经堵塞了，煎炸食品产生的火趁着大肠经的薄弱就传到牙龈上了，这时就应该敲大肠经。只要大肠经通了，牙龈肿痛就再也不会复发。

任何疾病的发病都是由于经络阻塞而引起的。唯有从根本出发，畅通经络，则病自然愈合。这种方法是调理整体来处理疾患，并非局部的治疗，是根本性治疗，简而易懂，应用无限。

任何局部都不能离开整体而生存，局部反映整体，是整体的外在表现，因此局部单纯性治疗不能够根治，唯有畅通经络，使阴阳达到稳态，使内在动态平衡，才能够彻底治愈疾病。只要通过畅通经络调理整体，当然局部穴位仍应运用或消除局部暂时性病痛，则不医眼而眼可治愈，不医耳而耳可治愈。

一般经络敏感的人对于敲经络和按压穴位的感觉都很强烈，说明经络敏感人的身体气血都是很畅旺的。其实每个人都可以成为经络的敏感人，只要你按照本书介绍的简单方法去做，养足自己的气血。没病的人每天敲胃经，按揉足三里，有不舒服的人，通过本书对十四经的介绍，找出自己究竟是哪条经络阻塞，每天敲该经，每个人都可以达到经络畅通，气血旺盛。

敲经络能让人的平均寿命至少再延长10年

你的汽车有定时维修，但你的身体有"维修"吗？敲经络就是给你身体最好的维修。患了慢性病，同样能长寿健康地活到百岁的人，都是全身各个器官的同步慢慢衰老，病死的人是身体的某个重要器官不能正常工作了，如心、脑、肝、肾、肺，只要一个器官衰竭，其他器官功能再好同样面临死亡，真正的全身各种器官同时有严重的病的人很少。就如养生的"木桶理论"所说，我们的身体就如一个木桶，是由许多块木板组成的，缺一不可，我们寿命的长短就好像木桶盛水的多少，不是取决于最长的木板，而是取决于最短的那一块木板。患上了某种慢性病，也就是告诉了你身体的弱点所在，只要我们每天敲与它对应的经络，慢慢拉长这个脏器为你身体服务的时间，你自然就能长寿。

有一次，我与一位朋友游颐和园，坐车回来的路上，她跟我说她头疼，那时候正是冬天，寒风刮得也不小，我认为她是有点劳累，再加上感受风寒，也可能是感冒的迹象。我想起了大肠经上的合谷穴，合谷面口收，意思是头面部的疾病都可以用合谷穴来治疗，我立刻帮她按揉合谷穴，她觉得酸胀舒适。按了5分钟之后，她觉得头痛大减，我接着帮她敲大肠经，敲了不到10分钟，她就跟我说完全不疼了。接着她跟我说她经常头疼，只要稍微累了，或者不够睡，或者感冒时都会头痛，而且有时候吃止痛片都不管用，这次是她头痛止得最快的一次。我嘱咐她每天敲大肠经来预防头痛，结合敲胃经增强体质。

其实每个人都有身体的薄弱点，刚才我那位朋友的弱点就是头部。她身体状态一不好，邪气首先侵犯头部，再加上她体质不好，所以动不动就头痛。若不理会它，年老了必定形成头部的恶疾。有的人弱点在咽喉，一感冒或上火就嗓子疼，动不动就犯，有可能发展成喉癌，平时就该敲大肠经；弱点在肺，一感冒就咳嗽，平时该敲肺经；弱点在胃肠，一感冒就腹泻，平时就该敲胃经。道理都是一样的。我经常说，自己是最好的医生，因为自己最清楚自己的弱点在哪里，根据本书提供的经络知识，你很快就知道平时该敲哪条经络来预防你身体上的弱处不受侵犯。

在我们的治疗经验中，我们体会到实病的人经敲经络后穴位数值普遍下降，而虚症的人普遍上升，这充分说明敲经络疗法能使人气血调和，经络平衡，从而达到治病的目的。这里举三例说明如下：

周××，男，37岁，胃下垂8公分，上腹部胀满，脐部以下不胀，敲胃经前经穴测定上脘、中脘数值较高，神阙以下较低，经敲胃经后上腹部感觉胀满减轻，经测定上脘、中脘穴位数值下降，脐下不胀部位的穴位神阙、气海上升，而趋向平衡。

祝××，男，30岁，胃溃疡，肺结核钙化，气血两亏，中气不足，大便秘结，腹部无涨感觉，敲胃经后，经穴数值普遍上升。

敲经络能让人的平均寿命至少再延长10年

傅××，男，40岁，神经官能症，体质尚好，腹部胀明显，敲胃经后，经穴数值普遍上升，腹部不胀了。

以上事实说明，敲经络穴位，可以刺激病变器官的生命活力，达到治病健身的目的。所以敲经络可以达到与中医药相同的治病效果。

钱学森早在20世纪80年代就指出，生命科学中隐藏着一个谜，这个谜的破译将对人类有革命性的影响，并敏锐地指出破译这个谜的钥匙可能就是中国的经络学说。让敲经络成为家庭保健手段，国民的平均寿命至少再延长10年。让每人再年轻10岁，正是本书的写作目的。

慢性疲劳综合症

人为什么会产生疲劳感？主要是因为经络不通，就像一个本来很明亮的灯泡，把通电电线的电阻增大，灯就会暗下来，当你把电阻撤掉，灯马上又明亮起来了。敲经络就能把你身体上的"电阻"撤掉。人们在工作、学习、运动、旅行中经常会出现筋疲力尽、劳累不适或肌肉酸痛等现象，就是由于肌肉疲劳导致经络阻塞，产生了经络"电阻"，经络阻塞反过来又会加重疲劳。所以最好的解除疲劳的方法就是敲胃经及按揉足三里穴位。

最好的解除疲劳的方法就是敲胃经和按揉足三里

糖尿病

人们普遍认为糖尿病是一种终身疾病,其实大部分糖尿病或其并发症都是可以避免的,早预防、早治疗是防治糖尿病、远离并发症的关键。敲经络是最好的预防手段,根据人体的不同体质敲不同的经络,效果最好。

糖尿病是体质因素加之多种环境因素引起的,以内热伤阴为基本病机特点,日久可致气阴两虚、阴阳两虚、络脉瘀结,以多饮、多食、多尿或尿有甜味、疲乏少力或消瘦为典型表现的病证。病因方面,体质因素是发病的内因,饮食失节、情志失调、劳倦内伤、外感邪毒、药石所伤等环境因素是发病的外因。从人的体

根据不同类型的糖尿病，敲经络是稳定的最好手段。

质易感性来分析，胃经亢奋体质（胃热体质）的人——就是指很容易饿、吃得很多的人，和肾经虚弱体质（肾虚体质）的人——就是指身体虚弱、很容易感觉疲倦的人，最容易得糖尿病，平时应该分别敲胃经和肾经来预防。肝经亢奋体质（肝旺体质）的人——就是指爱发脾气或有高血压的人，和胆经堵塞体质（肝郁体质）的人——指爱生闷气、老闷闷不乐的人，也较易发生糖尿病，平时应该分别敲肝经和胆经来预防。脾经虚弱体质（脾虚体质）的人，指消化功能不良的人，有时也可发生糖尿病，可以平时敲脾经来预防。根据不同体质敲不同经络对预防糖尿病有很好的效果。

我曾在门诊遇到一位 50 多岁的中年妇女来检查自己是否得了糖尿病。其父母是糖尿病患者，已经去世了，两个哥哥、一个妹妹全都已经患上了糖尿病，她家就是糖尿病的遗传体质。查了空腹血糖是 6.8mmol/L，餐后 2 小时血糖 10.6mmol／L，徘徊在糖尿病的边缘。经过分析她就是胃热体质的人，于是我嘱咐她在家每天敲胃经，以及注意生活习惯，两年过去了，她来复检，一点都没有患糖尿病的迹象，每次来检查空腹血糖都在 6.0mmol/L左右，而且比以前更健康了。所以敲经络可以逐渐地改变人的易感病的体质，使机体状态趋于阴阳平衡。

传统中医没有糖尿病的名称，但对其症状的认识已有两千多年了，《黄帝内经》的消渴症状就是糖尿病的症状，并以上、中、下三消为其病因。历代对三消的理解不太一致，我比较认同心肺为主因是上消，脾胃为主因是中消，肝肾为主因是下消的说法。因为心肺、脾胃、肝肾的功能异常是导致内分泌失调的根本原因，这和现代医学的内分泌失调学说是相通的，是中西医的共同点。事实上，通过控制糖尿病人的饮食和敲经络，是可以有效控制和治愈糖尿病的，并可解决视物模糊、多饮多尿、手足麻木等糖尿病症状。

糖尿病者的典型症状表现为：口渴、多饮、多尿、多食和消瘦（体重下降），常常称之"三多一少"。糖尿病是因尿液里的糖分高于正常人而得名，古代人就看尿在地上会不会引来蚂蚁来诊断糖尿病。迄今为止对糖尿病的诊断也是以血糖和尿糖的测试指标为依据。现普遍采用血糖指标，分为三度：

Ⅰ度：空腹血糖 7.5～8.5mmol/L。Ⅰ度多在中年后发病，症状轻微或缺，如无合并症，主要敲心经和肺经。分别敲手臂阴面的靠小指那条线和靠拇指侧那条线。

Ⅱ度：空腹血糖 8.6～12.5mmol/L。Ⅱ度可发病于任何年龄，有"三多一少"症状，多尿、多饮、多食和消瘦，可伴有合并症，主要敲脾经和胃经。分别敲小腿的内侧线和外侧线。

Ⅲ度：空腹血糖 > 12.5mmol/L。Ⅲ度的发病年龄较轻或发病多年后加重，可出现多种并发症，主要敲肝经和肾经。敲腿的内侧线。

在多种致病环境因素之中，过度喝酒，过食大鱼大肉等肥腻的食物，内生湿热、痰热伤阴，过食辛辣煎烤的东西，内生积热伤阴，加上平时不控制自己的情绪，老生气，气郁化热伤阴，五志化火伤阴，在糖尿病发病中最为多见。所以糖尿病患者除了每天敲所需的经络外，还要养成本书介绍的饮食有节的生活习惯。并不是得了糖尿病就不能再享受美食了，而是说在享受美食的同时，要及时测量血糖，在血糖稳定的情况下改善一下饮食。当血糖不稳定或偏高时，饮食控制非常重要，不得马虎。得了糖尿病，饮食最要注意，要少吃主食，每顿只能吃二两主食，少吃含淀粉量高的食物，如土豆、红薯等；以吃蔬菜为主，肉可以适当吃一点；禁甜食。

糖尿病本身并没有生命危险，它主要的危害是对脏器的损害，由于血中的糖分没有转化为能量，血中的糖分很高。而心脏送出来的血液，要经过大动脉、中动脉、小动脉，流到全身的毛细血管，然后又经过小静脉、中静脉和大静脉，再返回心脏。血液按这个顺序旅行，一小时内可循环180圈，1年是157.68万圈，如果一个人活到80岁，血液会在体内循环12614.4万圈。可见，人体的血管担负着如此大的重任。想象一下让脏器长期浸泡在糖水中，对血管和脏器的损害会有多么大吧。

糖尿病作为人类健康的疾病杀手之一，在治疗上多采用长期服用降糖药与注射胰岛素的方法进行治疗，但效果依然不理想，同时给患者造成了极大的经济负担与痛苦。而采用敲经络的方法治疗糖尿病，不仅可以加强脾、胃经脉的气血运行，改善胰岛功能，增强机体糖代谢能力，而且对实现缓解疾病症状、降低血糖、消灭尿糖也起到了良好作用。

人体经络使用手册

敲经络防治糖尿病是根据我国传统医学经络、阴阳理论的一种治疗糖尿病的独特疗法。众所周知，刺激经络穴位，由于经络的传感作用，可以使许多疑难杂症缓解、治愈。而通过敲经络这种长期良性的刺激，可对经络脏腑起到调整作用，加强机体正常的新陈代谢，从而使人体组织恢复到最佳状态。机体恢复正常生理功能，"正气存内，邪不可干"，"阴阳平衡，百病皆愈"，这就是敲经络治愈糖尿病并发症的理论根据所在。

中老年人患糖尿病多半是饮食过量、运动不足及肥胖所致，而限制饮食量，减少体内多余的脂肪囤积，即是防治之道。不过，糖尿病患不适合强烈运动，因为运动过度可能引发低血糖，甚至造成严重的低血糖昏迷，有致命危险。所以在敲相应经络的同时，走路是最适合糖尿病者的运动。走路可把贮存在肌肉中当做能源使用的葡萄糖消耗掉，有助于降低血糖值。美国医学界研究发现，每天走路 1 小时，对第 Ⅱ 型糖尿病人有 50% 的预防效果。所以有糖尿病的人要养成饭后百步走的习惯，饭后不能马上坐着甚至睡觉，至少也要慢走 30 分钟，再配合本书的敲经络，逐渐地你会发现血糖慢慢降下来了。另外走长路时要随身携带无糖小点心，以防血糖过低。

高血压

曾听一位西医医生说，他以前有高血压和心脏病，每年都要吃一堆小山一样多的药。后来，他开始学中医，虽不懂其中深奥的理论，但知道合谷与足三里是保健要穴，于是每天没事就按揉这两个穴位。逐渐地，减少药量也可以控制血压了。坚持按揉几年之后，血压下来了，心脏病好转了，不用再吃瓶瓶罐罐的药了。用按揉穴位代替吃药，这对一个人的健康有何其重大的意义。大家都知道西药有很大的副作用，长期吃也只能控制疾病，而西药对肝肾的损害是西医无法回避的问题。

实际上，按揉合谷和足三里只是增强体质的方法，可以间接调理高血压。而治、防高血压的更直接的方法就是敲肝经和肾经。

高血压多发生于脑力工作者，脑力工作者长期精神紧张，又缺乏体育锻炼。而且高血压是一种世界性疾病，是全球流行最广泛的疾病之一，世界各地患病率高达 10%～20%。在我国，高血压患者到 2006 年已超过 1 亿。

此外，高血压所带来的并发疾病也是不容忽视的，其中最主要的并发症有这么几类：第一类就是脑出血，也是最常见的，高血压达到一定程度不治以后，往往引起脑出血；第二类就是脑梗塞，是和脑出血相对应的一种疾病，以脑血管梗塞为特征；第三个就是心脏疾患了。得了高血压以后，这些并发症都有可能发生，尽管全世界的医务工作者与科研工作者都在对高血压费尽脑筋进行研究，想办法遏制高血压病的发生和高血压病发生以后的进程，但是高血压的并发症仍然在不断增加。

既然高血压有那么大的危害，有那么多并发症，那得了高血压的人又该怎么办呢？查出患有高血压病的人应自己在家配备一台血压计，经常测量血压，并注意观察睡眠、饮食、情绪等变化，特别是情绪变化，长寿老人都是心怡气静，而有病老人则多气躁神疲。

当血压上下波动时，要找出规律；当血压波动明显，又难以控制时，要及时服用降压药控制它；当它只和你处于一种相对平衡的对峙时，你就不必服药，并通过积极敲经络和本书介绍的科学的生活习惯使自己强壮起来。当然，自我感觉良好的同时，也不可放松对血压的监控。

人
体
经
络
使
用
手
册

劳宫穴

敲胆经、肾经，按揉合谷和足三里是预防、治疗高血压的好办法。

　　说到底，有高血压的人就是要对血压进行降压治疗，这对防止中风有重大作用。通过降压治疗，中风几率可以减少大概40％；同时，冠心病的发生率也会减少20％左右；还可将心血管疾病的死亡率减少大概20％。因此，得了高血压，就要立即治疗，降低、控制自己的血压，才会防止上述疾病的发生。在传统的治疗方法上，西医的建议是终生治疗，而且每天都要吃药，但通过这种方法治疗，依然不能有效地控制与治疗高血压，这不仅给个人带来疾病上的痛苦，而且还给家庭带来医疗费用上的沉重负担，那么有没有不用终生服药的治疗呢？答案是：有。就是敲经络。中医经络学说认为，高血压发病的原因是经络失控引起肝阳上亢和肾气阴虚。既然如此，只要通过敲胆经和肾经，使血气畅通，使失控的经络恢复其调控作用，达到高亢的肝经阳气下降，心情平和，同时肾阴逐渐充实，阴升阳降，实现阴阳平衡，血压自然下降。因此我们给您的建议是，只要坚持每天敲肝经和肾经，同时操作方法得当，加之良好的心情与合理的膳食，不用多久就可实现治疗高血压的作用，重新恢复健康的体魄。除了敲小腿内侧的肝经和肾经，还有捏颈后肌肉，手向后伸就能捏到——几乎所有的经络均直接或间接地与颈项发生关系，有数十个重要的俞穴在颈项部分布，形成了一个相对独立的人体全息胚——也可达到降低血压的作用。

骨质增生症

骨质增生严格说来不是一种病，而是一种生理现象，是人体自身代偿、再生、修复和重建的正常功能，属于保护性的生理反应。单纯有骨质增生而临床上无相应症状和体征者，不能诊断为骨质增生症。只有在骨质增生的同时，又有相应的临床症状和体征，且两者之间存在必然的因果关系，才可诊断为骨质增生症。

骨质增生是中老年的常见病和多发病，40岁以上的中老年人发病率为50%，60岁以上为100%，也就是说，每个人进入老年阶段都将罹患此病。而且，近年来骨质增生发病趋向年轻化，30岁左右的青年患有骨质增生的已为数不少。

骨质增生症属中医的"痹证"范畴，亦称"骨痹"。中医认为本病与外伤、劳损、瘀血阻络、感受风寒湿邪、痰湿内阻、肝肾亏虚等导致的经络阻塞有关。

中医认为"肾主藏精，主骨生髓"，若肾经精气充足则身体强健，骨骼外形和内部结构正常，而且不怕累，还可防止小磕小碰的外伤。而"肝主藏血，主筋束骨利关节"，肝经气血充足则筋脉强劲有力，就像优质的橡皮筋，休息松弛时可保护所有骨骼，充实滋养骨髓；又像NIKE的护踝护肘，生活运动时可约束所有骨骼，避免关节过度活动屈伸，防止关节错位、脱位。如果肾经精气亏虚，肝经气血不足，就会造成骨髓发育不良甚至异常，更厉害的会导致筋脉韧性差、肌肉不能丰满健硕。没有了营养源泉，既无力保护骨质、充养骨髓，又不能约束诸骨，防止脱位，久之关节在反复的活动过程中，便会渐渐老化并受到损害而过早过快地出现增生病变，所以防治骨质增生就要常敲肝肾两经。

骨质增生是肾经所主的范围，肾经起点在足底。中医认为热则行，冷则凝，温通经络，气血畅通，通则愈也。通过经络系统的调节可以起到纠正脏腑阴阳、气血的偏盛偏衰、补虚泻实、扶正祛邪等作用。敲肾经及热水泡足可产生温通经络、行气活血、祛湿散寒的功效，从而达到补虚泻实，促进阴阳平衡

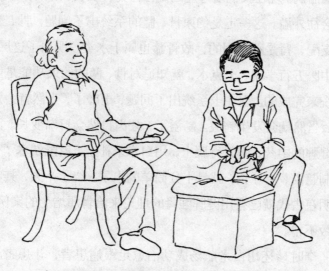

　　骨质增生严格说来不是一种病，而是一种生理现象，敲肾经及多用热水泡足就能治好。

的作用。所以敲肾经及热水泡足是预防和辅助治疗骨质增生的好方法。

　　说到骨质增生，不禁让我想起了中医名家刘力红在《思考中医》中所举的一个例子：《本草纲目》中谈到白术，李时珍引了张锐《鸡峰备急方》的一则案例："察见牙齿日长，渐至难食，名曰髓溢病。用白术煎汤，漱服即愈。"这个病例讲的是有一个人牙齿越长越长，长到不能吃东西的程度，这种病叫做髓溢病，用白术熬成汤，拿药水漱口，没多久病就好了。大家看到这个病例，你的第一感觉是什么呢？我想很多人会不相信。牙齿长到一定程度就定型了，怎么会越长越长，以致进食都困难呢？这太离谱了。即便有这个髓溢病，牙齿那么坚硬的东西，怎么用白术漱漱口就能缩回去呢？简直太不科学了。

　　中医认为牙齿为骨之余，由肾所主。肾主骨生髓，骨与髓就是一码事。牙齿每天变长，就好像是髓满了往外溢一样，所以叫做髓溢病。现在我们要考虑的是牙齿为什么会日渐生长，髓为什么会往外溢。这一定是约束骨、髓的系统出了问题。骨、髓由肾所支配，肾是藏水用的，故骨髓也属于水类，明白了这层关系，按中医五行学说，土克水，就知道对骨、髓的约束功能是由土的系统来完成的。现在土系统出了问题，土虚了，当然就会发生水溢，当然就会发生髓溢。髓溢了，牙齿自然会日渐变长。而白术是健脾的中药，脾五行属土，用白术来补土，就能制水了，继而控制髓溢、治牙长，就是十分简单的事了。绕了半天，其实就是说明在古代就已有用健脾强肾的理论来治骨质增生的案例，并且疗效不错。

　　李时珍还用白术煎汤成功治愈足跟痛患者，让患者浸泡足跟，每日两三次，每次20分钟。没用几天，患者疼痛大减，足跟能够落地行走了，坚持近一个月治疗，病痊愈了。

从以上病例就可以推理到敲经络治疗骨质增生也会遇到同样的问题，肾经是治疗骨质增生的常规首选经络，但若敲肾经没有效果，就说明是土系统出了问题，土虚了，当然就会发生水溢，那就改为敲脾经，敲脾经与白术泡脚是一个道理，都是补土。

除了常敲经络，平时还要注意避免长期剧烈运动。毫无疑问，外伤是造成人体组织增生的重要因素。人体有了外伤，其外伤部位的软骨组织同样会受到伤害并有可能导致软骨组织的病变或坏死，致使骨端裸露而增生。

走路是预防骨质增生症的主要举措。这是因为关节软骨的主要营养来自于关节液，而关节液只有靠"挤压"方能进入软骨组织中，促使其吐故纳新，进行正常的生理性新陈代谢。走路可以加强关节内部腔内压力，有利于关节液向软骨部位的渗透，以减轻、延缓关节软骨组织的退行性病变，以达到预防骨质增生症的目的。要注意应避免做以两条腿为主的下蹲运动，"312经络保健法"里提倡下蹲运动，我不认同，因为下蹲运动对于老年人膝关节来说摩擦力太大，易于使骨刺形成，骨刺刺激关节囊，很容易引起关节肿胀。

要注重日常饮食，平衡人体营养的需要。有关专家认为，阴阳平衡，气血流畅是人体进行正常生理性新陈代谢的基础。人体正气虚弱，经络不畅，势必导致气血凝涩而成病变。例如，长期不食含碘食品或制品，就会患大脖子病（其本质为继发性增生），缺钙会导致骨质疏松症（骨质增生的一种）等。

此外还要预防寒凉，《黄帝内经·痹论篇》说："风寒湿杂至，而为痹也……以冬遇此病为痹也。"所以爱美的女士在冬季秀美腿时可要注意了，美丽冻人可是有代价的哦，不如多温经修身为好。

胃肠功能紊乱

我这里所说的胃肠功能紊乱包括现在我们常见的一些胃肠疾病，比如胃溃疡、消化不良、腹胀腹泻、便秘等由于胃肠功能失常所导致的一些病症。说是"病症"，是因为像"腹胀"有可能是多种原因引起的一种不适感。症状和疾病之间并不是一对一的关系。

先说胃溃疡吧，可能大家对这个并不陌生，很多广告经常说能够根治胃及十二指肠溃疡。从现代医学上讲，胃溃疡是由于HP幽门螺旋杆菌的感染所致，但是从养生保健和容易导致发病的日常习惯来讲，则应该是不规律和不科学的饮食习惯所造成的。现在讲科学饮食的书和讲座确实很多，但是看了之后让人感觉自己没有办法再吃下去了，吃什么好像都不科学，而且它们相互矛盾，不知道应该听哪个人的。

其实保健养生最重要的是"相当"，有句话叫做"过犹不及"，它的意思就是说"过"和"不及"都不好，做事是这样，吃饭也是一样，多了和不够都不是我们真正需要的。简单到一顿饭来说，不能只吃半饱，也不能吃得发撑，这样对我们的身体都不好；然后就是饭菜的搭配，荤素、咸淡搭配得合理了，没有偏颇就是好的饮食搭配，其实饮食上的养生就是这么简单。我们常说"缺什么补什么"，但是什么时候才知道身体内缺东西呢？等到发现了不正常时就已经发病了。如果我们能够在平时的生活中养成良好的饮食习惯，并且坚持一些保健的方法，那么我们就能"防患于未然"，达到"治未病"。

胃及十二指肠溃疡其实是两个部位的病，但是由于生理位置上的连接，所以经常合并来称呼。那么如何来区分它们呢？很简单，胃溃疡的疼痛、吐酸、打嗝一般发生在饭前饥饿时，十二指

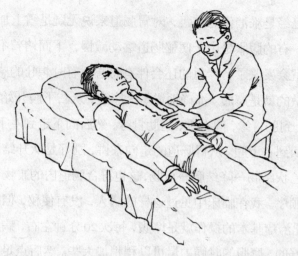

摩腹和按揉胃经能治好胃肠功能紊乱

肠的溃疡则发生在饭后。

如果已经得了病，该怎么运用经络俞穴来进行自我保健治疗呢？

首先，按揉足阳明胃经。前面我们已经说过胃经在调节胃肠功能方面的作用了，这里具体讲一下，在循经按揉时重点从腹部到小腿进行推挵、按揉，反复操作，先疏通一下胃经的经气，使其气血贯通，然后再重点点揉穴位，尤其是足三里，点揉2~3分钟，然后再顺着胃经在腹部的循行路线按揉。

接着摩腹。摩腹就是用手掌在腹部进行反复的环形摩挲，力量要轻，一般的方向应该是顺时针方向。饭后一个小时左右开始操作，起码要摩腹15分钟左右。而且这个很方便，不管是走路或者坐着看电视都不影响。

当然还有很重要的一个方面就是要饮食合理，要少吃多餐，少吃油腻煎炸的食品和一些难消化的食品。本来人的胃肠发生溃疡以后，人体的胃肠功能就已经很弱了，再暴饮暴食或者吃些对常人来说已经是难消化的东西，对胃肠道来说无疑是雪上加霜。

腹胀：有的腹胀是由于便秘肠道蠕动减慢，下面堵着不走，上面当然就会发胀了，严重的还会伴有恶心、有时想吐的感觉。这时候要做的就是摩腹。准确地说是大摩腹，从右下腹开始，顺时针，向上到肋骨缘，向左推，到肋骨缘，然后向下走到左下腹，然后向右回到右下腹。从胃肠道的走向来讲，刚好是从升结肠→横结肠→乙状结肠→降结肠→直肠，这也符合肠道内的废物正常向下排的顺序。我在临床中见过这样的病人，没有便秘，但就是腹胀，对此治疗基本的操作就是摩腹，每次20分钟左右，病人反映效果挺好的。摩腹的时候力量可以稍稍加大些。然后点足三里等穴位，从体表相当于胃的位置向下推捋，由上向下反复操作。

便秘腹泻：把便秘和腹泻放在一起是因为它们都是排便的异常情况，但是治疗起来其实是刚好相反的。先说腹泻，腹泻的症状是每天排便的次数多于正常，而且是以大便变稀为主，同时可能伴有腹痛。成人可能还可以撑得久些，小孩儿腹泻的话很快就

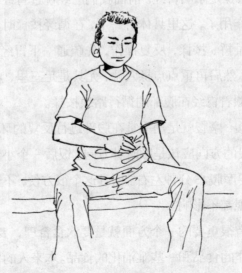

摩腹法

会导致脱水，这就很严重了。

腹泻时应该采取综合方法来治疗，单纯吃止泻药是不好的，因为只有针对病因治疗才可能彻底治愈，当然危急的时候除外了。一般的腹泻可以摩腹，加上点穴，最好能够加上艾灸。艾灸的效果是非常好的，尤其对那种受寒引起的拉肚子。首先要调节一下饮食，要少吃多餐，因为腹泻的时候，胃肠蠕动太快了，一般吃进去的食物根本得不到充分的消化就排出去了。这个时候消化功能是相对减退的，吃得太多肯定消化不了，反倒增加胃肠的负担。一般来讲腹泻属于人体自身的一种自我保护机制，产生腹泻说明体内有些胃肠道不能消化掉的或者是消化不掉的东西，或者是不洁净的东西。如果你去医院看大夫，他们也会问：是不是吃了不干净的东西啊？所以说，轻微的腹泻其实对人体并没有什么大的危害，只是把一些对人体没有用的东西排出去。

再来说说具体的治疗方法。首先，摩腹，这个时候的摩腹就不能像治疗便秘和消化不良那样了，应该从左下腹逆时针向右下腹做，进行反复的摩挲，直到感觉腹部有一种暖暖的温热感产生。然后按揉几个重点穴位，足三里、天枢，以及沿天枢所在直线上下按揉摩擦，即摩、擦胃经。然后艾灸足三里、两侧天枢，还有关元、气海。关元有温阳的作用，而气海能够补气，气在中医理论里面有"固摄"的作用，固摄作用强大了，当然就能够制止泄泻了。而天枢是大肠的募穴，在调整肠功能方面效果很好，而且艾灸时它能够祛湿，这在夏秋季节的腹泻中是非常重要的。因为春冬季节尤其是冬季，受寒引起的腹泻多一些，但是在夏秋季节常常有"湿"，容易出现反复发作、时好时坏、病程缠绵难愈等特征。这个时候一定要加上艾灸天枢，还有脾经的阴陵泉。

便秘：记得以前上中药课时老师讲了一个实例，她带学生下乡义诊时，一位学生说肚子有点疼，当时没有引起重视，就随便给了点止痛的药。结果两天后发现那位学生有点不正常，好像是脑子不太清醒似的，自己走在街上嘴里念念有词，学生拉她时发现她的力气很大。后来就给这个学生用了泻下剂中的"大承气汤"，通腑之后什么症状都没有了。当然这已经是很严重的便秘了，达到了《伤寒杂病论》中所说的"阳明腑实症"。

便秘可以引发好多病症，痤疮粉刺、黄褐斑，还有痛经。对此病的治疗首先要从饮食习惯上进行相应的调整，虽然各人的饮食都有偏爱，但是我们一定要讲究"度"的问题，坚持吃一些粗粮和粗纤维的食物和蔬菜。每天都应该喝一定的水，当然这里是指白开水，而不是茶或者其他饮料，如果在你觉得口渴的时候才想起喝水，那就表明你的体内已经缺水了。而且空腹的时候不要喝茶，因为它里面所含的酸能够减慢胃肠蠕动，所以空腹饮茶对治疗便秘是没有好处的。最好坚持每天早起先喝一杯温开水，如果便秘严重的话可以加上一点点盐，但是不要每天的水里面都加盐，因为这样会加重肾脏的负担。最好养成良好的排便习惯，每天都在差不多相同的时间排便。

这些都是日常应该注意的一些小环节，但是它们对人体却是有很大影响作用的。当然还有一些经络俞穴的应用，首先就是每天点揉足三里和天枢，每穴每次2～3分钟；还有就是进行大小摩腹，小摩腹就是我们所说的沿着肠道循行进行的摩腹，便秘时一定要顺时针方向，从右下腹向左下腹摩，力量可以稍微加大一些。

老年人也经常会便秘，有的是因为年老体虚，气血虚弱。这个时候可以配合一些中成药的服用，比如五仁丸。如果是经常感觉口渴可以加点脾约丸或者买些枸杞子坚持泡水喝，除了滋阴还能明目作用。如果伴有身困体乏、无力等感觉的，可以吃点补中益气丸。

颈肩综合征

颈肩综合征，又称颈肩疲劳综合征，可以说它是一种现代病。随着办公条件的现代化和通讯工具的改善，人们可以用电脑、电话和传真等来代替原来的工作方式，所谓"运筹帷幄，决胜于千里之外"。但是这也减少了人们活动的机会，很多人几乎整天坐在办公桌前和电脑前面，久而久之，肌肉关节软组织得不到锻炼，而且经常一个姿势保持很久，造成部分肌肉长期紧张，得不到应有的休息，另外一些却长期休息，得不到锻炼，本来的相互协调变得不再协调。

长期伏案工作或者在电脑前工作的人会经常感觉颈肩部发紧、发困、发酸、发僵，有时甚至整个后背都有那种感觉，很是不爽。这样下去，别说是工作效率，连身体素质也一块儿下降了。

颈肩综合征治疗法（一）

这时不妨敲小肠经，小肠经又叫肩脉，是敲手臂阳面靠近小指的那条线。再配合一点不需要任何工具的肌肉锻炼，你会发现那些不爽的感觉会一扫而光。

　　首先，沿着手三阳经按揉、推捋和拿捏。因为手三阳经的走向是从手走头，循行的路线经过颈肩部，所以循经按揉拿捏可以很好地疏通这些经的经气，放松沿行的肌肉等软组织，消除肌肉的僵硬感。其次可以点揉穴位：曲池有通经活络的作用；然后就是肩井，按压肩井可以很好地缓解颈肩部的肌肉紧张；还有天宗，点揉天宗能够放松整个肩胛部的紧张感和疲劳感。如果方便的话，最好两个人再相互推一下背部，基本上是沿着足太阳膀胱经的循行路线由一侧从上到下推，然后从对侧从下向上按摩，力量可以由轻到重。注意从上往下推时力量可以加重，从下往上按摩时力量一般不需太大。这样反复操作5分钟左右，就能感觉到

颈肩综合征治疗法（二）

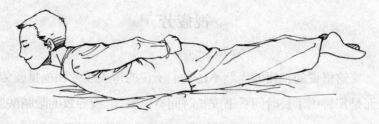

颈肩综合征治疗法（三）

整个背部有一种温热感直透到皮下，肌肉紧张造成的酸痛感觉很快就消失了。

还有一些简单易行的锻炼方法：

第一，缓解颈部酸痛的方法：坐位或站位，上身保持正直，然后双手的食指、中指、无名指指尖相对，按在颈后正中线上，从上到下依次进行。手指用力向前按，头向后仰，也就是相对用力。这样反复做2～3次，能够很快消除长时间低头所造成的颈部酸痛僵硬感。

第二，缓解肩部的僵硬感：身体站直，双手下垂放在背后，胳膊伸直且双手相扣，然后肩关节做向前向后的运动，或者双手自然下垂，肩关节做环转运动，这样做可以缓解肩部的紧张感和肌肉僵硬感，前一种方法可以连同肩胛骨及其周围的肌肉一并放松了。

第三，缓解腰部僵硬的方法：长时间坐位，起来后常常会觉得腰部酸疼、僵硬，有些人说，感觉像不是自己的腰。这时很多人会习惯性地站起来捶捶腰，或者转转腰。其实还有一种方法：一手放在背后腰部，一手放在前额，下肢站直，上身向后仰，别看做起来很简单，效果可是一点都不简单。如果是回到家的话，还可以做"燕儿飞"：平趴在床上或者一个平坦的板上，双手背在后面，一手抓着另一手的手腕，然后双腿向上弯曲，同时上身向上抬，这个动作看似简单，其实好多人上身只能抬起一点点。这样做几下就能感到整个背部的肌肉都放松了，简单而有效。

视疲劳

这里说的视疲劳当然不是我们所说的审美疲劳和视觉疲劳，而是那种由于长时间看书或长时间看电脑、电视导致的眼睛酸胀酸疼、视觉模糊。虽然现在有这样那样的滴眼液以及种种治疗仪等等，但是这些方法要么效果不明显，要么太麻烦。所以要想保持眼睛的健康，不如做些日常的维护。

有些人嫌做眼保健操太麻烦，其实算一算时间坐下来也就几分钟的时间，每天抽几分钟来保障眼睛的健康恐怕是再划算不过的了。如果真是觉得保健操太麻烦的话，那就简单地点按某些穴位，同样能达到效果。首先，把两手掌搓热，然后迅速把掌心放在眼睛上面，然后就开始点穴。第一，睛明：两眼微闭，双手拇指分别点在两侧的睛明穴上，向内上方点，眼睛会产生比较强烈的酸胀感，不要放手，坚持1～2分钟，手指应该一点一放；然后点承泣穴，它位于眼球和眼眶的眶下缘之间，当平视前方时瞳孔的正下方，可以用中指进行点揉，也可以把食指屈曲用指间关节来点揉，同样能产生较强的酸胀感，这都是点穴时正常的感觉；然后可以接着点四白穴，四白穴位于承泣的正下方，在眶下孔凹陷处，就是当你沿着瞳孔所在直线向下找时，在眼眶下缘稍下方能感觉到一个凹陷，这就是四白；还有丝竹空，它在眉梢的凹陷处，沿着眉毛向后摸就能感觉到。点穴时要把力量加到能够使局部产生酸胀的感觉，然后在力量不减轻的情况下开始做环形的按揉。

在眼周的几个穴位操作完之后一定要点揉一下风池穴。寻找风池穴时，可以从颈项部开始，沿着颈部两侧的肌肉外侧缘向上推，当推到颅骨时能感到在隆突的下方的凹陷，这就是风池的所在。找到之后可以双手四指朝上，拇指朝下，用拇指向

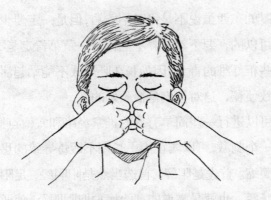

点揉睛明穴对缓减视疲劳有奇效

内上方点揉风池穴，能够很好地缓解长时间看东西导致的眼睛胀痛的感觉。

当然除了这些之外，在平时生活中可以吃一些对眼睛有好处的食品，比如鸡肝。还有就是饮菊花茶，菊花能够"清肝热，散风热，上清头目"，不需要太浓。还有就是绿茶，茶在中药里有"引清气上行，清头目"的作用，所以在治疗头面疾病的方子里好多都是用茶当引药，比如治疗头痛的著名方剂川芎茶调散。

中风后遗症的家庭护理

很多中风的病人在病情稳定了以后都要求回家进行疗养，吃些常用的疏经通络、活血化瘀的药物。这种情况下如果家人能够掌握一些操作简单的保健方法来对其进行日常护理，对患者的恢复是很有好处的。

首先在饮食上，要以清淡为主，味道不能太咸，不能太腻，肥肉等油腻的东西虽说不是绝对不能沾，但是一定要少吃，瘦肉、鱼肉还是可以的，要不然营养不能保证。蔬菜肯定是不能缺的，最好多吃些粗纤维的青菜，因为长久卧床或不能站起活动的病人很容易导致便秘，这对他们是很不好的。

　　然后可以进行一些简单有效的推拿经络和穴位点揉，这也是对肢体的一个刺激，可以防止由于长期不锻炼导致的患侧肢体肌肉废用性萎缩。首先是阳经，首选当然是阳明经，足阳明胃经和手阳明大肠经，也就是常说的"治痿独取阳明"，疏通阳经的经气，然后点揉一些重要的穴位：太冲、丰隆、足三里、梁丘、合谷、手三里、曲池、肩井，然后再点一些其他经和阴经中较重要的穴位：风池、三阴交、阴陵泉、血海，每穴每次按揉1分钟即可。坚持这种刺激，不久便可恢复受损肢体器官的功能。

　　还有一个方面就是进行摩腹，顺时针进行，加之点揉天枢、

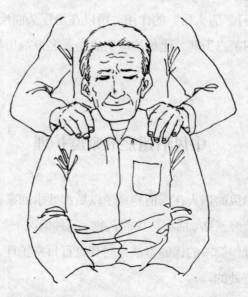

中风后遗症的家庭护理首选胃经和大肠经

足三里等穴位，促进其胃肠功能的好转。病人胃肠功能好了，就能够很好地消化吸收食物，这就是中医讲的中焦脾胃功能好了，气血生化功能好了，就能够向四肢输送气血了，还可以减少有害物质和不能吸收的物质在体内的堆积。

除此之外，还要经常和病人进行语言交流，以帮助他们恢复语言功能，这同时也是对他们情绪的一种安慰，情绪急躁是这一时期常见的现象，还要记得要给他们勤翻身，防止生褥疮，否则一旦生了褥疮是很难愈合的，因为他们长期卧床导致机体的各种功能都在下降。从这个方面看循经按揉和点穴也是很有道理的，按揉和点穴可以使经络和局部的气血通畅，血行通畅了当然就不容易发生褥疮。

还有一项必不可少的护理工作就是活动病人的患侧肢体，使他们的肌肉能够被动运动，以避免日后更多的不方便。然后再慢慢进行其他的功能恢复锻炼。

如果能每天坚持给中风后遗症的人做这些保健，肯定能够帮助他们早日恢复健康。

感冒

感冒是最常见的疾病，世界上几乎没有谁在一生中没有得过感冒，许多家庭更是像"跑步接力赛"一样，妈妈感冒还没好，孩子接着也感冒了，到最后全家人都感上一遍。其实平时敲经络就可以增强体质，预防感冒。

西医认为感冒是由鼻腔、咽喉、支气管、肺等呼吸器黏膜发炎引起的，至今无特效药，而感冒所出现的症状均是机体为了驱赶病毒而作出的自身防御反应。引起感冒的病毒、细菌在正常人的咽部和扁桃体内都是存在的，只有在机体抵抗力下降时，这些病毒、细菌才开始大量繁殖。哪些因素会使机体抵抗力下降呢？营养不良、过度疲劳、睡眠不足、心情不好或者长期患有一些慢性疾病，这些都可能间接导致感冒。

中医认为感冒是六淫之邪侵犯人体而致病的，六淫指的是外界的风、寒、暑、湿、燥、火六种致病邪气，其中风邪为六淫之首，这也是古代医家将感冒称为"伤风"的原因。辩证上，感冒可以分为风寒、风热、暑热几种，治疗上以解表发汗、疏风宣肺为主，所以大家在感冒时经常说，发点汗就好了。

中医认为感冒一般可以自愈，以七天为一周期。但是感冒过程中的一系列症状很难受，不但影响正常的工作、生活，也使心情烦躁或者抑郁。我们能做的是缓解症状，激发体内的正气更有效地抵御外邪，从而缩短感冒病程。

当有感冒前兆时，例如发冷、鼻塞、颈背发紧等，首先想到的是应该敲大肠经，然后按压风府穴。风府穴是督脉的穴位，在

用吹风机对准风府热疗几分钟也是治感冒的一绝

后发际正中上一横指的凹陷处。感冒刚开始时，充分地指压风府穴，可以促进气血运行，激发卫气固护肌表，从而有效地防止病邪入侵。休息时应注意此处的保暖，可以敷一热毛巾或者用吹风机对准穴位热疗几分钟。

如果没有及时制止病邪的传变，出现了一系列感冒症状，可以按揉合谷穴。合谷穴是手阳明大肠经的穴位，可以鼓舞气血，提高免疫力。它的定位是：把一手的拇指横纹放在另一手的指缝缘上，拇指向下压时，拇指尖处即是；或者食指拇指并拢，肌肉最高点。针对各种症状也有不同的穴位治疗方法：鼻塞或者流鼻涕时可以按压鼻旁的迎香穴，这也是手阳明大肠经的穴位，在鼻翼外缘中点，也就是鼻孔旁骨凹陷处。这个穴用力按压，会有很酸很痛的感觉，甚至眼泪都要流出来了，但是按完以后鼻子立刻

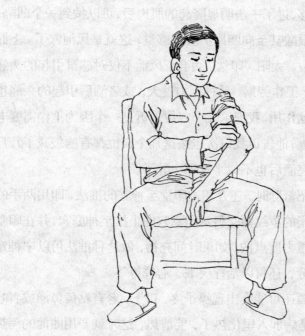

用牙签刺激曲池是治感冒的一绝

畅通，当然一次是不能完全治好的，可以根据症状的轻重隔一段时间按压一次。一些有鼻炎的朋友最怕感冒，鼻子难受不说，还头痛得厉害，这时可以在按迎香穴的同时，按太阳穴。太阳穴的定位是眉梢与眼外角之间，向后一横指的凹陷处。可以先把手指放在附近，然后咬牙，出现隆起筋络的部位就是太阳穴所在。按压此穴治疗头痛特别是偏头痛效果很好。如果前额痛，最实用的穴位是两眉中间的印堂穴。如果头重发闷，感觉有厚厚的东西盖在脑袋上，百会穴是你的最佳选择。百会穴是督脉的穴位，有"三阳五会"之称，两耳尖（耳朵的最高点）向头顶连线的中点，可以用手指按压或者握拳用手指的骨骼隆起处按压（后者刺激量比较大，而且省力），这时可以感到疼痛扩散到头部的每个角落。还有一个穴位有很好的醒脑作用，风池穴，这是足少阳胆经的穴位。风池与风府穴相平，都是在后发际以上，可以先找到风府穴，然后手指向外移，过了一条明显隆起的肌肉后，可以按到一个凹陷，用力按压有很酸甚至向四周扩散的感觉，这就是风池穴了。上面说的几个穴位，太阳、印堂、百会、风池不仅对感冒引起的头痛有作用，对于工作劳累、精神压力过大，或者酒后引起的头痛也有很好的醒脑作用。我把这几个穴位告诉过一个因为工作需要老喝酒应酬的人，他告诉我每次点按这几个穴位都有脑袋减了几斤的感觉，喝完酒后也不似平常那么醉了。

前面介绍督脉时，还介绍过印堂至神庭的推法，即用两手的食指或者中指的罗纹面交替从印堂穴向上推至神庭穴，并在印堂和神庭上加重力度点按。如果时间充裕，做这种推法可以宁神定志、缓解疲劳，还可以治疗失眠、心悸等等。

另外感冒还可能会出现嗓子疼，口干，老有粘黄鼻涕或者吐粘黄痰，这是病邪入里化热了，要清热，这时就要用曲池的泻热功能了。曲池是曲肘时肘横纹外侧端的穴位。介绍手阳明大肠经

人体经络使用手册

时提过，这个穴的泻热作用很好。但是一般按揉的刺激量往往达不到，这时怎么办呢？用牙签。可以用三四根牙签代替手指去刺激曲池，但是要把握好力度，千万别用力过猛，刺破了皮肤。

得了感冒应该注意什么？多休息，多喝温的白开水，饮食必须清淡，吃容易消化的东西，例如热粥、稀饭，忌食油腻、辛辣的刺激性食物。

预防感冒人人都知道的一大原则就是：注意天气变化，适时增减衣物。再就是提高自己的抵抗力。平时注意敲大肠经和胃经，以及按压手上的合谷穴和腿上的足三里可以增强体质，尤其是老年人、小孩、孕妇更应该常记在心。有时间推捋手太阴肺经、手阳明大肠经等，可以保持经脉气血畅通，加快毒素的代谢，更是维持健康的法宝。注意均衡饮食，多吃富含维生素C的水果，也可以预防感冒。

痛经

痛经是子宫为把经血排出，肌肉收缩产生的腹痛或者不适。据统计，75％的女性朋友都会有不同程度的痛经情形，其中20％～25％的人需要用药物来缓解疼痛，15％的人不能正常工作和学习，可见痛经对广大女性朋友来说无疑是一大痛苦。究其原因，现代医学认为，子宫后倾或前倾、经血不易排出、激素内分泌失调都可以导致痛经。中医则认为痛经的发生多由于心情不舒畅、肝气郁结、体内有瘀血导致血行不畅通，导致"不通则痛"；或者食生冷食物太多、体质虚寒、气血不足；或者长期居住湿冷的地方或经期涉水、淋雨之后，以致寒湿凝滞于胞宫，下腹部寒

按揉血海穴是治痛经的首选

冷，月经受到阻碍而疼痛。好些人在无奈之下选择吃止痛药，但止痛药的副作用不能不令人担忧。这里我介绍给大家一种最自然的、绝无副作用的疗法——经穴疗法。

月经期前3～5天开始按揉足太阴脾经，从内踝上（三阴交穴）沿着小腿内侧骨后缘向上按揉至膝盖以下（阴陵泉穴），在酸痛明显的地方加重力度或者多按一会儿。还有一个养血调经的要穴——血海穴，位于髌底内侧端两寸，用左手手掌抵住右膝盖，大拇指下肌肉凹陷处即是右血海，左血海同理取之。月经不正常时这个穴会很敏感。每天坚持15～20分钟，这样可以提前调整气血，减少痛经、月经不调的发生。

血海穴的主治病征为生理不顺、膝盖疼痛、更年期障碍（更年期综合症）、生理痛等。该穴为人体足太阴脾经上的重要穴道之一，为治疗血症的要穴，具有活血化瘀、补血养血、引血归经之功，《外台秘要》中有"主妇人漏下恶血，月闭不通，逆气腹胀"之说。

如果在工作时或者公共场合发生痛经，可以两手交握，按压合谷穴，这个穴位止痛效果很好，而且动作很小，避免尴尬。

如果在家，痛经时可以把双手擦热后摩腹，即从神阙穴起，逐次摩气海、关元、中极等穴，这些全是任脉的穴位，位于小腹的正中线上，也就是按摩肚脐下的小腹部。如果伴有腰痛或者恶心，可以用拳敲打后腰，上至两侧腰肌，下至骶部八髎穴周围。这样除了可以减缓腰痛、恶心，还可以有效地缓解痛经。

对于体质虚寒的朋友，可以艾灸关元穴和足三里穴温补肾和脾胃，具体方法任脉一节已有介绍，在此不再重复。怎样判断是不是虚寒体质呢？虚寒的人很怕冷，一受寒痛得会更严重，但是保暖会觉得舒服一点；而且生理期通常都迟来，经血颜色是暗红色，并杂着暗色的血块流出；经期时可能会有嘴唇颜色变浅或者

用拳敲打后腰可减缓腰痛、恶心，以及痛经带来的很多不适。

变紫。除了艾灸外，还要做好保暖功夫，尤其是下半身和足部。建议多吃辣椒或红葱类温性食物。

平常怎样预防痛经呢？经前一两天及经期要注意保暖，避免吃生冷的东西，少喝咖啡，少吃盐；注意精神调养，避免紧张、焦虑、生气等不良情绪，日常生活中压力较大的女性的痛经症状要比心境轻松愉快的女性严重得多；睡眠充足，均衡营养；避免刺激的运动和长时间的站立，可以做一些简单的伸展操，或者出去散散步。

减肥就靠敲胃经

有人认为，成功的减肥计划是针对人的自我形象及潜在情感需求的，但这种需求恰恰是造成饮食过度或者不良饮食的原因。所以在减肥的时候，先要调理好自己的情绪，而敲肝经是调理情绪的最好办法。当你不高兴的时候，敲肝经——就是敲腿的内侧——会让你心情大好。因为大多数过度饮食的人都是由于情感上的不满足引起的，暴饮暴食是为了应对不满情绪的一种发泄途径。

肥胖的人一般都会有不良的生活习惯。我曾在门诊遇到一个男青年，身高170cm，体重90kg，属于超重的体形。问诊得知，他晚上打电脑游戏，白天睡觉。吃饭也不规律，早饭几乎不吃，午饭吃得很少，晚饭吃很多。再进一步问诊，得知他晚上睡觉多流口水，从中医来说，这是脾虚现象。而且很容易感冒，平均一个月就感冒一次，这是胃气虚的现象。我嘱咐他先改变自己的生活习惯，每天敲脾经和胃经，就是同时敲小腿的内外侧，特别是敲足三里穴。经过两个月的调理，他的体重降为70公斤，整个人神清气爽。

吃得多——损伤脾胃——脾胃虚弱——运化无力——脂肪堆积，这是肥胖的普遍机理。而每天敲胃经和尽可能地走路能让身上20斤赘肉消失，而且体重再也不会反弹。

敲胃经之所以能减肥，是因为胃经能抑制人体亢奋的食欲，转移你的注意力，不再考虑该吃什么，不该吃什么。另外加上走路，让身体活动起来，像步行几百米去超市这样的小事情，都是你减重的机会。

让你的脚帮你达到减重的目标吧。寻找一天中的每一个步行机会，把它纳入你的日常生活。如果你在接一个很长的电话，那么用无绳电话接，一边讲话一边四下走动。如果你坐公交车，那么在到站前一站或两站就下车，多走几步路。

减肥就靠敲胃经

每天都敲胃经，可以对脏腑进行整体调理，达到无痛瘦身。而每天晚上睡觉前摩腹能使肠道通畅。

血管硬化

　　血管硬化不是病，而是人体慢慢变老的一个表现。血管就像橡皮筋，年轻人的血管就像有弹性的橡皮筋，老年人的血管就像老化的橡皮筋，很容易断，而血管硬化到一定程度就会破裂，很容易脑出血，也就是中风。现在，血管硬化趋向年轻化，很多人40多岁就中风了，生活苦不堪言。这都是人们让自己的"橡皮筋"风吹日晒引起的。现代文明让夜生活变得丰富多彩，睡眠时间违背了人的自然规律，结果伤害了自己。很多人认为老化的血管是

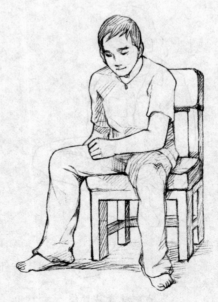

血管硬化敲肝经

不可逆转的，其实人体是一个智慧的集体，不像橡皮筋那么简单，经过经络的调养，老化的血管是可以逆转的。血管老化是因为饮食内伤、劳累伤身、情绪不佳使身体内产生各种废物堆积在血管，同时如果人体血液总量不够，肝脏就会不清洗或清洗不够，血液就变得越来越脏，腐蚀血管，使血管变得又硬又脆，种下了祸根。

敲肝经是最好的预防血管硬化的方法，握拳沿着腿内侧线敲。自知生活习惯不好的人，过了35岁就要每天敲肝经，敲15分钟，力度以感觉酸疼舒适为最好。因为肝主筋，血管是筋脉的一种，所以肝经的软化血管作用是毋庸置疑的。平时我们提倡多喝醋来软化血管，但大家不知其中的奥妙。醋是酸的，酸味与肝都属于五行中的木，酸的食物能滋养肝经，肝经好了，血管自然就不会出现问题。肝经就是生长在身体里的树木，若是每天郁郁寡欢，就等于把这棵树给捆绑起来了，所以每天怀着舒畅的好心情也是使血管健康的秘诀。

癌症

癌症在人们的心中就像一个恶魔，一个吞噬人类生命的恶魔。甚至有的人听到这两个字就产生恐惧情绪，求神拜佛希望自己和家人健健康康，千万不要得什么癌症。正常人体细胞代谢都有规律，旧细胞老了就生产出新细胞。但是当人体出现代谢紊乱时，人体就会产生一些老不死的细胞，当人体代谢恢复正常时，人体会生产出巨噬细胞来清理这些变异的产品，重新生产正常的细胞，来修复被破坏的组织。但人体要是老处在代谢紊乱中，这些老不死的细胞不能被及时除掉，它们就会很快繁殖起来，而且

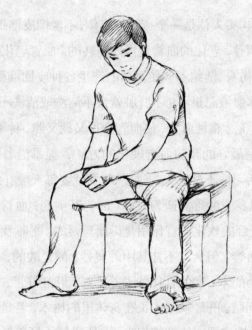

敲肝经和肺经能消灭癌细胞

消耗很多能量，直到把人体吸干。

西医可以把癌细胞割掉，但过不了几年，它又会繁殖起来，这就是土壤的问题，说明你机体里存在适合它生长的环境。你所吃的、喝的、生气、熬夜等等全部反应到你的土壤里，慢慢地，你就把自己的身体变成适合癌细胞生长的土壤。

既然癌细胞那么可怕，怎样才能使身体防止产生癌细胞呢？改变土壤才是根本的方法。其实敲经络、良好的生活习惯以及开朗乐观的生活心态，就是癌细胞的"天敌"。关键是要保证机体代谢正常，也就是书中提到的五脏协调，阴阳平衡，"正气存内，邪不可干"。只要有正气在体内，邪气就没办法干扰到我们。你觉得自己哪条经是自己的弱点，你就每天敲它。加上配合敲肝经和肺经，五行中肝主怒，肺主悲，肝经是体内怒气的灭火器，肺经能改变你闷闷不乐的情绪，再按照本书介绍的生活习惯，强强联手，就能让癌细胞离你远远的。人体是全能的、完美的，只要坚持敲经络，那么发生在人体身上的问题，人体应该是都能解决的。

心态对一个人的健康来说真的很重要，我的一个亲戚很注意科学的生活习惯，不抽烟，不喝酒，不吃烤炸的食物，早睡觉，但他有一个致命的缺点就是性格抑郁。他有一次做身体检查，查出来得了肺癌，我们都不敢相信这结果。按中医的理论，性格抑郁属于五行中的悲，肺主悲，长期抑郁，肯定会影响肺的细胞代谢，这就是中医的奥妙。

邪气侵害人体，往往先侵犯经络，当病情严重下去，才会从经络传到脏腑。同样道理，癌细胞初期大多长在经络上，通常这过程很短暂，所以几乎不被人发现，即使发现了，西医也解释不

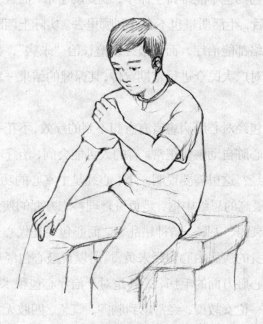

敲肺经

了。曾经有这样的病例，病人照B超，照到肝脏部位有肿块，但做手术打开腹腔却找不到肿块，没办法，只好缝合，等过几天再照B超，肿块还在那里。这是因为，在癌症初期，癌细胞长在肉眼看不见的经络上，当病情严重下去，癌细胞就会从经络传到肝脏。经络是五脏六腑的通道，循经指压不治病，只不过是疏通经络，经络疏通了，人体的一些症状就随之减轻或者消失了。所以说敲经络可以预防一切疾病。

心脏病

很多人得了心脏病，就吃一堆昂贵的高档西药来支持，等到严重得连药物也不能维持生命了，就要动手术，而且手术价格不菲，手术后，生活质量也不会好到哪里去。实际上西医能治疗的病，敲经络都能治疗，而且敲经络擅长治"未病"，如果把敲经络的方法对广大民众进行定期宣传，其保健的结果一定会让全世界惊讶。

敲心包经对心脏病患者有意想不到的疗效，不花一分钱就能使患者的心脏自动恢复正常。有的人可能会问，治疗心脏病为什么不敲心经？这里需要说明一下，心经是主宰心的功能，中医认为，心是最高的思维中枢，是负责管理神志方面的疾病，譬如健忘、神经衰弱、失眠、精神错乱等。而心包经是代心受邪，就是说心脏本身的疾病由心包经来负责。所以说敲心包经可以预防和治疗一切心脏方面的毛病，尤其是对于治疗心包积水有奇效。北京大学的一位女教授，经常感到胸闷、气急、四肢无力，很长时间得不到解决，经核磁共振检查后确诊为心包积水。经过半小时

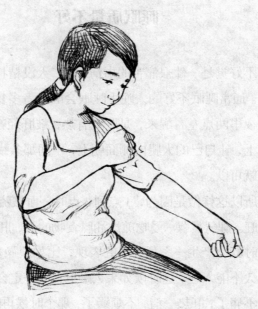

敲心包经能使心脏病患者恢复正常

的敲心包经治疗后再做核磁共振检查，通过计算，减少积水30%。还有一位癌症病人，心包积水严重，结果通过敲心包经治疗去掉了26%的积水。敲心包经可以去掉心包的积水，同样道理，敲肺经可以去掉肺的积水，治疗肺气肿；敲肝经可以去掉肝脏的积水，治疗肝腹水。用敲经络的方法清除脏腑的积水，比吃西药还快，可以立即得到反馈信息。

敲经络，是通过疏通人体各脏腑的通道来治疗，没有任何副作用，不像吃进去的西药通过肝肾代谢，损害肝肾。就像搞卫生清洁一样，今天搞得不彻底，明天可以继续，它没有任何错误，没有任何伤害。既是保健，同时是养生，又是治疗，一举多得。

睡眠质量不好

　　睡不好觉是一件很痛苦的事情，第二天没精打采，工作自然干不好。通常睡眠不好的人晚上睡眠会醒或者多梦，如果一个人经常在夜里两点左右醒来，是肝经有热，敲肝经就能解决问题：平坐床上，让自己的大腿内侧面朝上，中间那条线就是肝经，用拳头敲就可以。

　　之所以这样做是因为，1点到3点时，血液流经肝脏，肝气会比较旺。脾气暴躁、爱吃煎炸油腻食物的人，肝经本来就有热底，这时就会产生一系列肝热的表现，比如烦躁多梦，容易醒，一醒久久不能入睡。这时候如果去敲肝经，一定会很痛。反复敲到肝经不痛了，肝热一清，不烦躁了，那个时候再睡，梦也少了，就不会醒了。

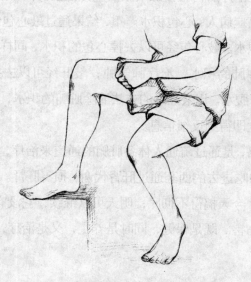

睡眠不好就敲肝经

抑郁症

　　一听到抑郁症，大家都觉得离自己很远，不可能发生在自己身上，其实抑郁就在我们身边。有资料表明，我国抑郁症所造成的疾病负担在1990年时仅次于慢性阻塞性肺病，位列第二；到2020年时，将位列第一。而且抑郁症占疾病总负担的比例还将由6.2%上升至7.3%，女性多于男性。

　　抑郁症所导致的心灵痛苦，丝毫也不亚于躯体疾病所导致的痛苦。随着社会变革加剧，生活和工作中不可预知的压力因素不断增加，越来越多的人因而发生持续性的心境低落，无缘无故地感到沮丧，吃不下，睡不香，人生种种乐趣全无，甚至觉得生不如死，这就极有可能是患上了抑郁症。有的患者自感心慌、胸闷、大汗淋漓，濒死感十分强烈，有的还真就倒在地上不省人事，然而一查心电图，正常；再做血管造影，血管也不堵。这类病人住遍了各家医院的心血管专科病房，不但自己承受了不必要的痛

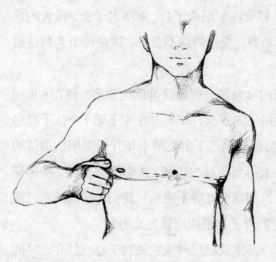

有抑郁倾向的压膻中和天池，心情就会明朗。　　　再压昆仑穴

有抑郁症的人，除了敲心经，还要压极泉穴。

苦，也对医疗资源造成了浪费。还有的抑郁症病人表现为神经性皮炎、慢性腹泻甚至消化道溃疡，患者不断地跑皮肤科、消化科，久治不愈。

美国休斯敦市清水湖居民区曾经发生一起震惊世界的家庭悲剧，一个36岁的白人妇女在家溺杀了自己的5名子女，最大的孩子7岁，最小的年仅半岁。虎毒尚且不食子，这位母亲为何这般心狠？

原来，这位疯狂的母亲是一位重度抑郁症患者。她在8年间连续生育了5名活泼可爱的子女，却不幸在生下第4个孩子时患了严重的产后抑郁症，尽管她已于事发前半年开始服用抗抑郁的药物，但她的病况并未得到明显的缓解。人们不禁要问，抑郁症难道真的这般凶险？抑郁症究竟能不能治？我们怎样判断自己或亲友是否患了抑郁症？得了抑郁症应该怎么办？

在治疗心脏病那一节里我已经向大家谈到了心包经和心经的区别，心经是负责神志方面的病，抑郁症就属于神志病，是心经的管辖范围。心经是重点要敲的经络，另外还要给自己压心经的极泉穴，在腋窝中间，时间稍长一点，左右两边都要压。另外，如果是抑郁症的话，压脚跟外侧的昆仑穴与两乳连线正中的膻中穴，乳头外侧的天池穴及心经全部的穴位就会特别痛，人体会给你最正确的信息。

要想改善自己、治疗自己，早睡也很关键，让自己的气血上升。经常敲心经，半年就可以有变化，一到两年后就可基本痊愈。

受风寒

人体感受风寒后的反应，可以有三种情况（其实风、寒、暑、热、湿、细菌、病毒侵犯人体时也是这三种状态）：第一种情况，就是机体内正气很足，打几个喷嚏就把寒气赶走了；第二种情况，就是要赶寒气，但正气尚不够，就会比较缠绵，甚至头痛发烧；

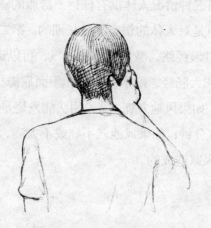

压风池穴（在颈后入头发1cm处）

敲肺经和大肠经

第三种情况，则是人体完全无抵抗能力，任寒气入体表，通过经络入腑入脏。第三种情况人体没有任何不舒服的感觉，也没有任何生病迹象，但是对人体的伤害却是长期的。第二、三种情况的解决，就是通过敲经络，激发机体的正气，可以退烧，祛风寒。主要是敲肺经和大肠经，敲手臂阴面和阳面靠拇指的那两条线。还有压风池穴。如果风池穴痛，就说明头痛发烧是因为风寒造成的，左右各压5分钟；如果风池穴不痛或不太痛，那么头痛发烧就并非是因为风寒造成的。

月经提前

　　月经不断提前，乳房胀痛，动不动就发怒，是因为体内血比以前虚，肝火比以前旺所造成的。月经越提前失血越多，对女性的身体是非常不利的，因此要做的是凉血，清肝热，平怒气，所以要敲肝经。先敲大腿的内侧面中间那条线，大腿内侧面朝上，握拳从大腿根部慢慢地敲，敲到痛得厉害的地方，轻一点，多敲几下，因为那是穴位所在，用意念一直想那一点，那一点就一定没有原来那么痛了，可以一直做到不痛。一直敲到小腿，然后再要做的是按压脚背上的太冲穴，在大脚趾与次趾的中间，脚背骨的下面，可以压，很痛的，也可以用意念去想这一点，那么体内的怒气就会下降。

先敲肝经

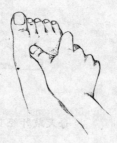

然后压太冲穴

生殖器起水泡、糜烂

　　肝经环阴器，我前面已经提到过，某经络所经过的地方发生疾病，那么那条经络一定能够治疗。生殖器起水泡、糜烂是因为肝经偏热，这种人在外貌上必定嘴唇很红，上嘴唇很厚，每天敲肝经15分钟，一定有胀痛感。当敲到嘴唇颜色由红转暗时，就好了。而且每周保证有三天在晚上10点半以前睡觉。每天搞到夜里一两点再睡的人，连中风也一定有份——这晚睡觉损伤肝阴，阴一虚，肝火就更旺，最后产生肝风，肝风内动就会中风。

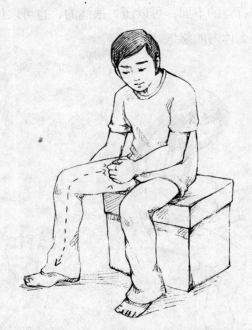

每天敲肝经15分钟，可治好生殖器起水泡、糜烂。

浑浊尿

浑浊尿是养分的流失，西医也叫蛋白尿。在人生长发育的过程中，能量、养分、血液都投入五脏运行的工程里，所以健康人的尿必定是淡黄清澈的。当人体不能正常运用养分时，才会排出浊尿，这可是一件坏事。这时就要每天敲肾经，就是敲腿阴面最靠里面的那条线，对改善浑浊尿有很好的效果。

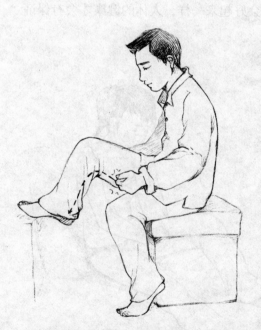

敲肾经身体就不会排浑浊尿（蛋白尿）

消瘦

　　人体消瘦，一定是处于阴虚状态，或更差一点是处于阴阳两虚偏阴虚状态，也可能阴阳两虚偏阳虚状态。调节他的状态，让他从目前的状态向好的方面转变，也就是让他的气血上升，再上升，要早睡觉和敲足三阴经，也就是敲腿的阴面就对了。当人体的气血达到一定水平时，人体必然会去处理以前没有能力处理而留下来的问题。到那时，就可以因势利导帮助人体解决这一问题。只要有足够的气血，就能够维持人体的生存，维持人体的平衡，这就是中医的治疗理念。只有人体的气血上升了，就像穷人要脱贫，生活才会好起来一样，人体的健康才会有保证。

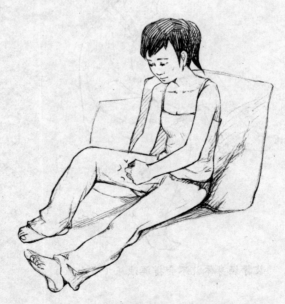

敲腿的阴面（足三阴经）能防止人消瘦

膝关节疼痛

有一个男青年带着他母亲来看病,他母亲左脚膝关节内侧疼痛,疑是痛风。作为儿子,他觉得很惭愧,不能为母亲分担痛楚,虽然看了不少医生,也贴了不少膏药,可就是不见好。后来他母亲心疼钱,就再也不肯去看医生了,可是,最后他母亲疼得连走路都很困难,老太太老说是因为自己睡觉时习惯侧睡,右脚压着左脚,长期以往形成的,其实,这是年老肝肾阴虚造成的。

我先解决她痛的问题,在痛的地方反复做按摩,沿着大腿来回地捏,越捏越松软,当膝盖附近都变软时就不痛了。我又教她在家自己按摩,刚开始时,如果觉得太痛,就把四个手指放在痛的地方,然后闭上眼睛,静心想手指按的地方,时间稍长一点,一定就没有那么痛了。然后就是敲肝经和肾经,因为肝主筋,肾主骨,这两条经是治疗膝关节痛的根本。就这样不花一分钱,调理了两个月她就好了。

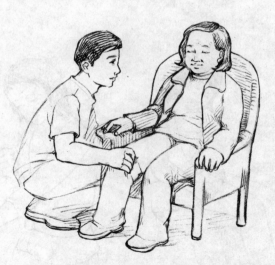

敲肝经和肾经能治肝肾阴虚造成的膝关节疼痛,而且还不花一分钱。

哮喘

所有的哮喘都可以根治，这不用担心。中医对哮喘的看法是五脏六腑都会喘，所以我们先要了解你的哮喘属于哪一种。但不管是哪一种哮喘，有两点是一定都有的，也就是所有哮喘病人共有的问题：第一，气血一定不足，所以一定要早睡，只要早睡，气血方面就不是问题了；第二，所有哮喘病人都有一个生气的问题。无论什么原因造成的痰多，如果没有生气的因素都只是痰多而已，不会喘；只有在既痰多又有气往上冲的时候，才会哮喘。所以，喝青陈皮水与压太冲穴就绝不可少。然后就是敲肝经与肺经，让体内的怒气慢慢地降下来。

还有一点要提醒大家的是，人体的造血时间是在天黑以后到半夜1点40分以前的深度睡眠中，当然，现代人不可能每天都在这段时间里睡眠，但每周至少要有12个小时的深度睡眠是在这个范围内，才能满足人体的需要。

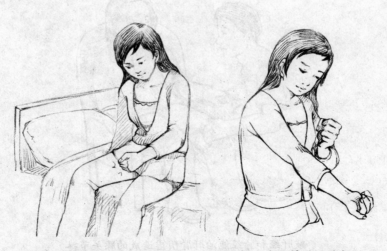

所有的哮喘都可以通过敲肺经、肝经缓解，多坚持敲就能根治。

头痛

虽然疾病各种各样、千奇百怪，终极原因却只有一个，那就是经络不通。如果孩子在小的时候处理风寒的方法不当，不是用中国人传统的方法解表祛风寒，而是用西医的压制法、对抗法，就会造成身体经络不通的底子。

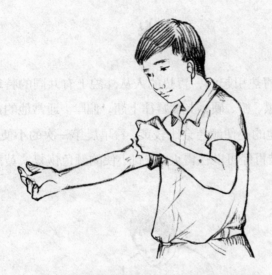

敲肺经和大肠经是迅速缓解头痛的好办法。

不管是什么头痛，要根治必须要对症通经。有一种方法可以迅速缓解头痛，就是每天早晨醒来后未起床时，先压10分钟天池穴，把自己的大拇指压在乳头外侧一寸的地方。再用自己双手的8个手指，从正中开始，掐自己的头皮，8个手指轮流用力，要慢不要快；中间压1分钟后，向外移动一点，再压1分钟，再向外移动一点，再开始压，就这样把整个头皮压两遍。这样头皮上的积水出去了，心脏的搏动力（压天池）也有所增强，头就不会痛了。当然这是治标的方法，想根治就要找出自己是哪条经出现问题。

受了风寒感冒而头痛的人怕冷，结合敲肺经和大肠经；受了风热感冒而头痛的人喜欢喝冷饮，主要敲大肠经；如果还有肢体沉重、不想吃饭的症状就加上胃经；心烦易怒、睡不好觉、面红口苦的人就敲肝经；头痛发空、神疲乏力的人就敲肾经。

口臭

口臭是胃热引起的，胃热的人从外貌上有共同的特征，浓眉，头发较黑、粗、硬，上嘴唇往上翘，偏厚。通常他的饭量都很大，而且他的小便颜色会比较黄，看早晨第一次的小便，应该是有泡的。敲胃经可以祛胃火，敲到小便的颜色恢复淡黄清澈就

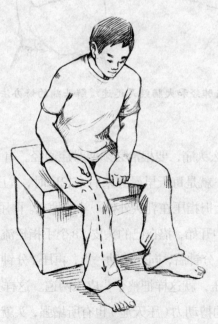

口臭是胃热引起的，敲胃经吧。

好了，小便没有泡了，舌中间的裂纹也就没有了，胃的情况便会得到改善。熬夜的人一般都有口臭的现象，所以一定要在能造血的时间内睡眠，就是按照四季睡眠。平时注意观察自己手掌颜色的变化，观察手臂血管粗细的变化，当手掌颜色红起来，手臂血管变粗，然后手掌颜色又不红了，血管又变细了，就是告诉你你的血多了一点。血多了，自然不会阴虚，可以帮助胃火下降。

口腔溃疡

造成口腔溃疡最直接的原因是胃热，但造成胃热的原因是胃本身有病灶，再加上肝热。如果只想口腔溃疡好，那就每天坚持敲15分钟腿内侧的肝经和腿外侧的胃经。肝平了，胃好了，口腔

口腔溃疡的直接原因是胃热，敲腿内外侧的肝经和胃经就行了。

溃疡就会好了。如果这样还治不好，那就是肝热实在太厉害了，一是肝有病灶，二是自己的能力不足以控制肝脏的病。这时可以吃一点六味地黄丸，六味地黄丸是从补肾着手，五行中，水生木，肾属水，肝属木，中医讲水能涵木，但这也只能解决一时，要想根治还是要解决睡眠的时段问题，试一个月，自己体会一下，肯定有意想不到的效果。

乳腺增生

乳腺增生，如发生在左边要舒泄肝气，敲肝经为主；发生在右边要为脾解郁，敲脾经为主。无论左右，关键是不要生气。一定要调节自己的情绪，要开心。敲肝经还可以改变情绪，一敲肝经，

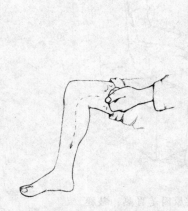

膈俞

太冲

敲肝经，体内的怒气就烟消云散。　　乳腺增生的治疗穴道

体内的怒气就烟消云散。同时经常压背上的膈俞穴与脚背上的太冲穴，帮助宽胸开膈。

心跳快

小孩的心跳快是正常的生理现象，若成年人心跳快，在中医里是数脉，说白了，就是你的血已经少极了，使人体不得不用加快流速来维持你的生命。要想治疗，首先要按照四季睡眠让自己的血多起来，然后才能一步一步解决问题。

我的法宝就是敲心包经，每天两次，每次10分钟。如果自己没有力气，就请别人帮你敲，一个月左右就能自己敲了。晚上要早睡，90次每分钟或者心跳更快的人，20～21点就去睡。自

顶极泉穴心不慌　　　　　压内关穴排心脏的积水

己为自己压心包经的内关穴，在手臂阴面正中线，腕横纹上三指，两条大筋之间。还有就是心经的极泉穴，把右手的五个手指捏在一起，然后伸到左手的胳肢窝正中，用一点力往里顶，是痛的，在自己能承受的力度范围内，一直顶在那里，手酸了休息一会儿，再去做，每天不少于10分钟。心脏里的积水出去了，睡觉就安稳了。坚持敲心包经与早睡，你的身体才会有根本改变。

发热不退

人体发热有以下几种情况：

如果是细菌感染引起的发热不退，人体与细菌的搏斗过程中，人体的能力有点不够，会造成心包积水。你要想退热，就压脚跟外侧的昆仑穴、敲心包经、压膻中穴，这时候，热度就会退下去。

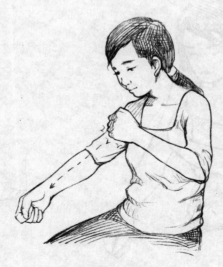

想退热就敲心包经

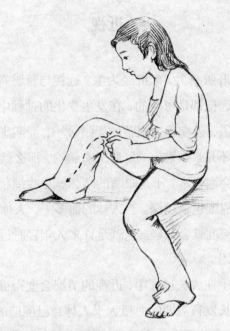

由情绪造成的发热不退以敲肝经为主。

如果身体里的白血球与细菌的搏斗还没有停止，热度到第二天还会上来，但没有关系，你就再照样做，一直到热度退尽为止。

如果发热时，压风池穴5分钟，再用手摸一下病人的额头。如果有点凉下去，那么这就是风寒问题引起的发热不退。这时要压胸前的肺经别（只要压痛的一边），要求同上，还可以压风池、尺泽、鱼际等穴。

由于情绪造成的发热不退，问题在肝脏，是肝热造成的肺热现象，要以敲肝经为主，尤其是右边的肝经。还有压一下看是太冲穴痛还是背部的膈俞穴痛，太冲穴痛是生气，压太冲穴加心包等；膈俞穴痛是有闷气，压膈俞穴加心包等，同时都要吃3～5天的青皮10克＋陈皮10克＋水3杯，浸泡半小时，然后煮开，当茶喝，用来破气与利气。

近视

　　近视与肝脏有关，敲肝经为主。远视与肾脏有关，敲肾经为主。近视与远视都是可变的，在发生变化的过程中，就有散光现象。我们知道，近视的人眼睛的黑睛较小，而阴虚火重的人，这时肝血一定不足。如果他的肝脏又有病毒，那么就一定是个肝热的人。肝热会逼肾水，于是眼睛的睛体就呈收缩状态，收缩得越严重，近视程度也就越深。当人体的血多了，人体的肝热情况改善了，近视深度就会减轻。这就是许多人年轻时近视，到老了就不近视的原因。

　　很多孩子在成长过程中，近视的情况会变得很严重，那是因为孩子的生长发育需要的血量大于人体自己能造的血量。血是人体的能量，在身体里有一个总量，而每个局部都占有一定的比例。

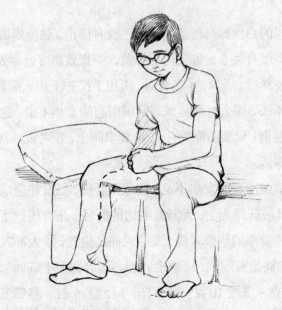

近视与肝脏有关，敲肝经为主。

而生长发育对孩子来说是一件大事，人体会倾其所有支持这项工程。如果总血流量不足时，为了确保孩子的生长发育，身体的其他部门都要让道，原来的平衡就会打破，如果出现这种情况，首当其冲就是肝脏的藏血要大量外调，这样一来，眼睛的近视程度自然也就一天比一天加深了。

肾区隐隐作痛

肾区隐隐作痛的人每天早起第一次小便必定有泡泡，这是肾有积水造成的。肾经有积水，所以大腿根部也会作痛，只要每天敲肾经和膀胱经就可以解决了。

肾区隐隐作痛，每天敲肾经和膀胱经就可以解决了。

足癣

　　为什么会有足癣？是因为脚上有小水泡，当小水泡破了，里面会有黏黏的浆水出来，而这浆水里有少量的蛋白，细菌就趁机在此"生儿育女"了。要使细菌无法生存下去，光灭菌是不行的，小水泡才是问题的症结，如果没有了细菌的生存条件，你请它来它也不会来。

　　脚上为什么会有小水泡？这是因为某一条经络不通畅，经络里的积液带不出去，就形成了水泡。通往脚上的经络有六条，而经常有问题的，是胃经与肾经。脚指是以胃为主，脚跟是以肾为主，当胃与肾的情况改善了，也就是它们的经络保持较通畅的状态，脚上的小水泡也就没有了，细菌没有了生存条件，它们就无法繁殖，也就不会产生足癣。所以敲胃经和肾经就能解决足癣问题。

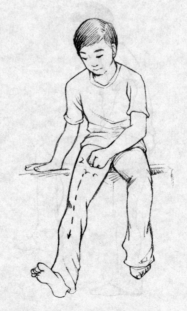

足癣多半是因为胃、肾经不通畅造成的。

腰椎间盘突出

腰椎间盘突出敲膀胱经最好。

腰椎间盘突出的起因，一定是你当初曾经有外伤史，可能这外伤你已经忘记了，再加上用力不当，譬如当你搬重东西时打了一个喷嚏。所以腰椎间盘突出只是旧伤的痕迹，敲膀胱经是最好的办法，膀胱经敲通了，你的困扰就没有了。

胆结石

不吃早饭的人容易得胆结石，这是因为早上胆汁浓度最高，如果不吃早饭，胆汁就分泌不出去，当胆汁浓度升高到一定程度

胆结石用不着开刀，如果痛，敲肺经就行了。

就造成结晶析出，所以早饭一定要吃。另一种情况是当胆囊里有细胞脱落物或虫卵时，胆汁就凝聚在上面形成胆结石。胆结石是用不着开刀的，一旦胆汁疏泄通道畅通，胆结石就自己化掉了。

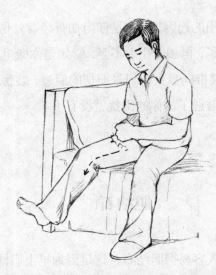

坚持吃早饭，敲肝经是治防胆结石的妙法。

胆结石虽然是石头，但本身是不会痛的，只有肺热或肝脏有积水，压迫到胆结石时，才会有痛感。你不用为结石去烦恼，只要按照敲经络的方法，问题就能迎刃而解。现在只是要解决痛的问题，它有两个可能：一是肺，二是肝。同时敲肝经和肺经，哪条经络痛，那就着重敲哪条。只要把那个脏器的经络敲通，不仅胆结石不会痛了，其他的不舒服也解决了。而肺的风寒不断被赶出去，或肝脏的能力不断提升，正是胆汁通道在疏泄的表现。

偏头痛

偏头痛的人经常靠吃止痛片过日子，苦不堪言。尤其到了冬天，要带两个绒线帽才好过一点。其实头痛的问题并不在头，而在于人体能力不够时，控制不住肠胃的细菌。当肠胃里的病灶与

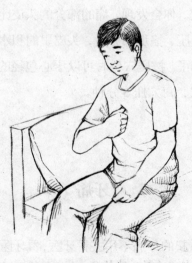

膻中穴是最好的止痛片

敲胃经是偏头痛的救星

头上的某一部分对应有积水时，那部分就会痛。敲胃经和配合压一些穴位是偏头痛的救星，还可以直接用手指甲反复掐痛的地方及周围，掐的时候要慢慢地停留在那儿，让那儿的积水出去。仔细摸摸整个头皮，你会发现，痛的部分的头皮比较厚，可能还会有结节。当反复压、掐那部分后，头皮里的积水出去了，头皮变薄了，也就不痛了。按压穴位时可以压心包经的天池穴、膻中穴或心经的极泉穴，每穴压5分种。

牙痛

着急生气引起的牙痛不用去看牙医，看牙医是不能解决问题的。应该喝3天青陈皮煮的水，急破肝气与理肝气，同时每两小

牙痛反复压太冲穴，根本不用找牙医。

时压5～10分钟太冲穴，并用冥想的方法让自己的气从上往下导引。如果牙齿问题由来已久，那就说明胃有些问题，因为胃经路过的地方与牙齿对应，所以要敲胃经和肝经。这不是马上可以解决的问题，但肝气破掉后，牙齿的红肿是可以马上消退的。

此外，用青皮12克＋陈皮12克＋水3杯，浸泡半小时，然后煮开喝水去渣。还可以反复压太冲穴，直到太冲穴不痛了，牙齿的红肿就会退了。

干咳无痰

干咳有两种，一种是肝咳，就是指喉咙有点痒痒的感觉，咳的时候也一直在喉咙口，这种人吃东西的时候不咳，睡着的时候不咳，但躺下去时与早晨三四点的时候，会咳得厉害一点，平时

干咳的原因不外是肝咳和肠咳，
敲胃经和大肠经就可以解决。

一直会咳。遇到这种情况可以在太冲穴压一会儿，喉咙口的痒痒感觉没有了，就不想咳了。从理论上讲，这种咳嗽是生气造成肝气上逆，所以平肝可以止咳。

另外一种是肠咳，指没有预警地突然有一股气从腹部冲上来，患者就会咳一阵子，过后又没有什么感觉了。这种咳嗽咳的时候有的人很辛苦，有时有点像呛的感觉。这是因为患者腹部大肠或者小肠有一个病灶，如有水肿，堵住了肠里气体的排放，当达到一定腹压的时候，气体要冲出去，下面不通，就往上面来了。治疗这种咳嗽只要敲胃经和大肠经就可以了。

肥厚性鼻炎

有肥厚性鼻炎的人把你的手指放到胃部,仔细地、慢慢地摸,我想你一定能摸到一个块,这个块还会跳。鼻炎问题,实际上就是与胃里的这个病灶有关。把双手放在病灶上面,用心想那里,同时双手很慢地顺时针转动,做10分钟,就会发现鼻塞情况有了改善。这只是让你知道问题出在哪里,但要解决这个病灶,人体的气血必须上升。要做到早睡,按照四季睡眠,如果有时候睡晚了,明后天就必须补回来。敲肝经,敲腿内侧线。敲胃经,敲腿的平面线。晚上睡觉时,放双手在胃部做顺时针转动,意念留在胃部,做10分钟。

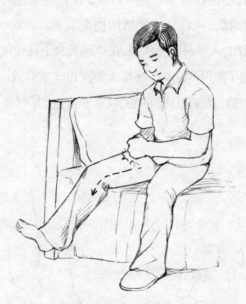

敲肝经不失为治疗肥厚性鼻炎的好方法

焦虑

焦虑实际上是一种在精神压力下出现的心理状态，焦虑会影响人的正常的思维。如果焦虑状态发展下去，还会对心脏、胃肠等内脏也产生不良的影响，引起胃溃疡、高血压、心脏病等。

抑制焦虑的特效穴位是中指指尖的中冲穴和小指指甲旁内侧的少冲穴，这两个穴位分别是心经和心包经的起点。心经和心包经是控制心脏活动的经络，经常对中冲穴、少冲穴进行刺激，配合敲心经为主，可以抑制焦虑，使心情安静舒畅，使焦虑状态安静下来，此外，对手掌区域中的大陵、阳溪等穴位进行按压也能起到相当好的效果。如果焦虑状态较重，可以对以上穴位加大刺激量，每天敲心经15分钟。另一方面，在焦虑发生时，对脚底的心包区进行按揉，可以马上使情绪稳定下来。

性子急躁的人容易发生焦虑，在这种人身上往往能见到肝经的异常压痛。除了敲肝经之外，按揉大脚趾也非常有效。肝经起于大脚趾，通至间脑，大脚趾跟间脑的联系非常密切。性子急躁的人间

少冲 　 中冲

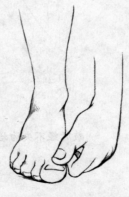

焦虑可按揉大脚趾。

脑易产生兴奋，也就容易引起焦虑。抑制间脑兴奋，使脑能量循环恢复正常，是治疗焦虑的关键，因此可以经常对大脚趾进行按揉。

食欲不振

食欲不振因其致病因素的不同，治疗方法也不一样。对因身体过度疲劳而引起的胃肠功能低下，除了敲胃经之外，还可以对小鱼际处的胃、肠等反射区进行按揉。顾名思义，这一区域与胃肠关系密切，对其进行柔和的按摩，可以促进消化器官的蠕动以提高食欲，效果更好。夏天，人们容易疲劳，食欲也差，此时对大鱼际进行刺激，同样有奇效。另外，第二脚趾是胃经的终点，与胃肠有密切的关系，对其进行充分的按揉同样也能促进胃肠蠕动。

解除精神压力，食欲自然也会提高。手掌中央处的劳宫穴，

食欲不振可按揉大鱼际处的胃脾大肠区。

与心脏的活动有着密切的联系，对其进行强刺激，可以解除精神压力。如果由于精神不好而没有心思吃东西，对手心进行按压可以起到增进食欲的作用。另外，对脚底中心处的心包区进行按压，同样有疗效。

阳痿

治疗阳痿除了敲肾经和肝经之外，还有特效穴，就是大鱼际靠近手腕处的地神穴。地神穴是经外奇穴，对它进行按压，是男性恢复自信的关键。阳痿的原因是"命门火衰"，通过对小指第二关节的命门穴进行按压，可以恢复生殖器的功能。结合以上方法，再对小指第一关节处的肾穴和无名指第二关节处的肝穴进行刺激，效果更佳。每日入睡前，以上每穴刺激5分钟。敲肝、肾经10分钟。

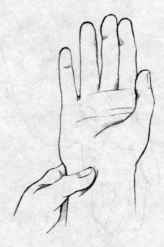

压地神穴

另外，还可以对大脚趾趾尖端的龟头穴进行指甲掐压，龟头穴与大脑中枢有密切的联系，刺激该穴位可以增强大脑中枢的功能，以促进新陈代谢，同时恢复性器官的功能。平时应尽可能多地穿人字形拖鞋，在走路的时候拖鞋的带子可以经常刺激大脚趾，这对恢复性功能、治疗阳痿也很有效。

白发

人的头发变白是由于肾上腺机能衰退所引起的，肾上腺机能旺盛就头发乌黑，肾上腺机能衰减则头发变白甚至脱发。因此，预防和治疗白发的关键在于调动肾上腺的机能活动。主要以敲肾经为主，配合特效穴来调理。

在手掌上与肾上腺关系密切的穴位，是小指第一指关节处的

预防和治疗白发主要敲肾经。

肾穴和第二指关节处的命门穴。这两个穴位与左右肾及头发有密切的关系，对这两个穴位进行刺激可以调动肾上腺机能，起到治疗白发的作用。另外，中指指尖的中冲穴，无名指指甲旁的关冲穴以及手背的阳池穴都具有防止头发变白的作用，再结合肾穴、命门穴进行刺激效果更加理想。

刺激穴位时力度不要过强，有微微痛的感觉就可以，如刺激过量则效果会适得其反。因此，动作要轻缓、柔和，轻轻地一按一放，然后再重复，每天每穴刺激5分钟。

中老年人如因精神压力过重而出现白发，甚至脱发，这种情况除以上方法外，还可以加上手掌中央的手心和中指第一关节处的心穴，都是治疗效果很好的穴位。

白发患者如发现涌泉穴下部约15毫米半径的区域皮肤变硬，失去弹性，那么对该部位进行按压会有奇效。

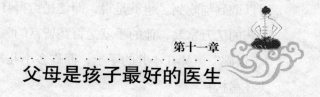

第十一章

父母是孩子最好的医生

孩子的双手上有亿万财富

我有一本名为《幼科铁镜》的祖父遗书，作者是贵池的夏禹铸先生，这是一本专讲小儿推拿的书，我一看就被迷上了。小儿推拿学，如同魔术般的神奇，又奇迹般的有用有效，只要摸摸手指头，推推手臂，就可以治病，不用吃药，可比吃药还灵。

夏禹铸在书中有篇文章叫《推拿代药赋》，将每个穴位与用药联系起来，即推拿某个穴位，就等于吃何药。如大指面旋推（补脾土）等同吃人参、白术。妙！妙！原来小儿的大拇指上有极为丰富的取之不尽、用之不竭的人参与白术，只要旋推，就可以取到与吃到。也就是说，即使是穷得叮当响的小儿，也是医药的亿万富翁，他的手就是百药皆富的医药宝库。金灿灿的"金饭碗"就捧在小儿的手上，而许多小儿却捧着金碗去要饭，实在愚极！

我非常奇怪，即使是科学昌明的今天，中医学中对"小儿推拿学"这个国粹的研究还是浅薄的、无知的。尤其是报纸上"因小儿慢性病而导致经济困难，呼吁全社会支持"此类文章，我一读便心痛如绞：好心的朋友，你没有看到那穷孩子一双金光灿烂的手吗？没有看到手上所拥有的亿万财富吗？拿一丁点儿出来就够小儿用一辈子啊！但现在的状况却是这笔财富在白白地浪费，没人去动用它们，眼睁睁地看着死神用魔掌抓去孩子！世界上的傻瓜实在太多，现存的方法也不知运用，聪明人实在是太少了！

孩子的双手上有亿万财富

孩子最需要父母为他推拿的常用穴位

小儿推拿的常用穴位很容易找，五个手指头可以调理五脏，几条线，就可以维护小儿健康：拇指——脾经；食指——肝经；中指——心经；无名指——肺经；小指——肾经。小儿手臂阴面靠中指那条线——天河水；手臂阳面靠拇指那条线——三关；手臂阴面靠小指那条线——六腑。

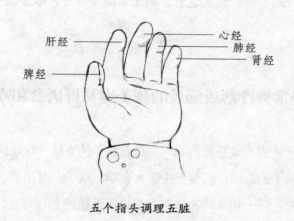

肝经

心经
肺经
肾经

脾经

五个指头调理五脏

开发孩子聪明才智的健脑按摩法

我根据自己多年运用小儿推拿治病的经历，总结出一套适合每个儿童日常保健的方案，此套手法可以开发小儿聪明才智，起到健脑的作用。

给小儿每天捏脊一次，小儿俯卧在床上或家长膝盖上均可，露出腰背臀部皮肤，家长用两手拇指和食指、中指相对沿脊椎两旁捏起皮肤，双手交替捻动向前推进，捏3下提一下，从脊椎的尾骶部至第七颈椎从下向上捏，每次捏5遍；补脾土，就是向掌根方向推拇指螺纹面，200次；清肝木、清心火，向指尖方向分别推食指和中指各100次；补肺金，向掌根方向推无名指，200次；补肾水，向掌根方向推小指，200次；揉板门，就是揉小儿手掌大鱼际，150次；推三关，推小儿前臂靠拇指那一直线，150次。

只要坚持每天推，持续两个月，你就会发现小孩的体质比以前好很多，脾胃好，睡觉香，健康成长。根据我的经验，经过长期捏脊的小孩，长大之后，消化系统功能好，很少闹肠胃病。

经常被冷落或溺爱的孩子容易得厌食和哮喘病

孩子的心灵是脆弱的，父母是孩子的支柱，父母的一言一行都对孩子的心理和精神产生重大影响。孩子面对生活，最希望得到关爱，每一句鼓励的语言，都是孩子精神上的阳光，而一句粗暴的呵斥，足可以将他们脆弱的心灵击得粉碎，产生心病，从而影响健康。经常被冷落的孩子容易厌食，经常被溺爱的孩子容易得哮喘病。

我曾为一个3岁的孩子看病。他的父母平常很注意孩子的饮食，从不伤孩子的脾胃，饮食也搭配得很均衡，从不缺欠。不知道为什么，孩子近日没有生病，但逐日消瘦，他的父母非常担心。我问及家庭情况，一切都很好，夫妻和谐，而且母亲前两个月又生了一个小孩。

我审视这孩子，他身体干瘦，但没有其他症状。这时听见婴儿哭声，母亲就从房间里抱出婴儿给他哺乳，3岁的大儿子就坐在母亲旁边，我发现他神不守舍。于是我就问他母亲，大儿子是

如果孩子误会妈妈不爱他，就会伤脾。

从什么时候开始消瘦的。他母亲算了一下，说大概在一个多月前，也就是在生了小儿子后。由此我断定这孩子的消瘦一定是由心病引起的。他从旁看到母亲喂乳，见弟弟夺走了母亲的爱，而自己却不能入怀吮乳，这小小小儿童便整天胡思乱想。因五行中有怒伤肝、喜伤心、忧伤肺、思伤脾、恐伤肾之说，所以这孩子是思久伤脾。这病不是药物可以治疗的，心病还须心药治。我就嘱咐他母亲在给小儿喂乳时不要让大儿子看见，而且每天给小儿喂乳后就把大儿子抱入怀中，用空乳喂他，并且安慰他说：我只疼你。一个月后，大儿子果然不吃药就胖起来了。夫妻二人前来感谢，说这治病的方法实在太神妙了。

父母是孩子最好的医生

为什么说父母是孩子最好的医生呢？因为父母是使孩子最有安全感的人，你看那些由于惊吓或者身体不舒服而哭闹的婴儿，父母一把他抱在怀里哄几下就不哭了，这就是父母给孩子的安全感。如果由父母给小儿做按摩，肯定能达到事半功倍的效果，虽然父母的功力可能达不到专业按摩医生的水平，但对自己的孩子来说，某些内在的情感交流所产生的效果却是专业按摩医生无法办到的。

父母一面给小儿按摩，一面可以教他语言交流，一面说疼爱的话，这都是只有父母才能办到的事情，对于小孩的心理和生理都有不可估量的有益的影响。小儿按摩越早做对小孩的成长越有益，拿捏脊来说，这对强健小孩的脾胃有很大好处。如果是陌生人给婴儿捏脊，婴儿必定有一番哭闹，一是有痛感，二是害怕陌生人。如果换成父母捏，一边安慰小孩，一边捏，即使有痛感，小孩也一般不会哭闹。

父母是孩子最好的医生

家庭和睦是小孩健康成长的关键

保证小孩健康快乐地成长是每位父母的义务，父母都知道疼爱自己的孩子，但不知道夫妻的关系好坏也会影响孩子的健康。家庭不和，势必令孩子的心理产生阴影，继而导致身体的疾病，心病是孩子生病的一大原因。即使只有几个月大的小小婴儿听到父母互相责骂的吵架声也会大哭起来，可见紧张的家庭气氛肯定影响孩子的健康，所以即使夫妻吵架也不要当着孩子的面，当然如果能够做到真正的家庭和睦是最好了。

中国传统思想里的"道"就是阴阳，夫妇也要顺应阴阳这个道才能家庭和谐。夫是阳，妇是阴，夫妇各正本位，就合道。为什么说"生于阴阳"？男女最亲密的关系是夫妇，而小儿有很多疾病都是从父母那里来的，阴阳之道发端乎夫妇，所以说阴阳最

夫妻不和，对孩子的健康绝对有害

大的问题就在于夫妇的问题。道理很简单，就是中医讲的所谓"阴平阳秘，精神乃治；阴阳离绝，经气乃决"。阴阳要和谐，即夫妇要和谐。男无阳刚，女无阴柔，家庭不和，就没好儿孙。有的人说，现代社会跟以前不一样，以前是男主外，女主内，而现代社会，很多母亲都工作，而且是家庭的经济支柱，这还能维持阴阳之道吗？但要想维护和睦的家庭，妻子无论在外面工作多厉害，回到家里一定要恢复女子阴柔的本性；男子无论能力好与坏，在家里一定有阳刚之气。这里所说的阳刚之气并不是大男人主义，不做家务活，而是指男子固有的一种气概与风度。

夫妇明白阴阳的道理，符合天与地的定位，阴阳气顺，他们所生的孩子必然贤明和健康。因为夫妇符合阴阳之道，阴阳调和，产生一种温馨的气场，生活在这种气氛中的小孩，不但聪明，而且身体健康。丈夫只可领教妻，不可管教女人，一管就破坏了这种气场。骂女人是动威风，女人如果不敢还击，就把恼气存在心里了；打女人是动杀气，女人如果不敢对打，就把恨气存在心里了。这种恼恨之气，当时发泄不出去，将来必遗传给子女身上，这不是管女人的大害吗？如果女人把打骂还击给男人，就更加破坏阴阳之道，男女争吵无止不休，阴阳缺损，孩子肯定逃不过灾难。俗话说：家和万事兴，家衰口不停。我讲的夫妇道，也就是阴阳道，夫妇和，阴阳气顺，小孩不但不生病、不夭亡，而且家齐、子孙昌旺。

但是现在很多夫妇不是互相理解和互相爱护，而是互相埋怨、互相猜忌，甚至互相怨恨，这样阴阳就不会协调。而阴阳不协调就是疾病产生的重要因素，很多疾病实际上就是这样得来的，《内经》的"生于阴阳"就是指这层涵义。而且夫妻不和，他们生出来的后代子女，又在这样一个阴阳不调和的家庭土壤里成长，那么子女就不可能会健康，包括生理和心理的。现在有很多

父母共同给孩子按摩对健康成长最好

父母带孩子来看病，都是反复发作不止的病，无论经西医治疗还是中医治疗，痊愈了以后又会再犯，一问家庭情况，十有八九都是家庭经常有吵闹之声，实际上孩子病的根本就在其父母身上，在阴阳上。尤其是现在的很多肺系的疾病、呼吸系统的疾病、经常感冒的原因都是父母的问题。和谐的家庭就是和谐的阴阳，阴平阳秘，精神才乃治，形神才能够健康。这一点我们弄不清楚，给孩子吃再多的保健药品都是没有用的。

有一次的看病经历令我印象十分深刻，一对夫妇带着一个小女孩来治病，小女孩4岁了，从生出来那天起就小病不断。这次来是看咳嗽的。那小女孩长得可爱极了，谁看见了都有几分喜爱之心，当然其父母对她更是疼爱有加，就是脸上有几分忧郁之气。我从与这对夫妇的交谈中可以看出，母亲说话刚强，缺少女子阴柔的性格，父亲话多语杂，缺少男子应有的气度，家里肯定经常吵闹。我问：你想你们女儿的病从此断根吗？他们同时点头。我就说：你们女儿的病你们夫妻回家就可以亲手给她治。我教他们给小孩补肺经，让他们向手掌方向推小孩的无名指面，父亲推小孩的左手，母亲推小孩的右手，在治疗的过程中，母亲说父亲的好话，父亲说母亲的好话，每天最好抽出30分钟来做。过了3天，这夫妇俩带小孩来了，脸上均有喜悦的气色，告诉我说小孩不咳嗽了。

一个家庭的核心就是夫妇，就是阴阳，就是道。一阴一阳谓之道，道没有修好，是很多祸害的根源，确确实实有太多的疾病是由家庭里面出来的。如果把我们看作一棵植物的话，家庭就是土壤，我们这一辈子就是生长在这片土壤上，如果土壤不好的话大家想想看，会有一个什么样的结果？后果非常严重！

给孩子推拿是父母与其交流感情的最好方式

小孩健健康康地成长是父母最大的心愿，当你在这本书上学到了给小孩日常保健的手法，如补脾经、推板门、捏脊等后，有空就要给小孩按摩，虽然初衷只是为了给小孩健康，但你所得到的却远远不止这些。

有一位母亲来找我教她几招小儿按摩，她的小孩3岁了，她一有空就给小孩按摩，看着小孩一天比一天健康，她心里也很高兴。有一天，她下班回家，可能是受寒了，觉得有点头疼，就躺在沙发上。小孩见到妈妈今天好像不舒服，就走到妈妈身边，拿起妈妈的手，用自己的小手像模像样地揉起来，母亲当时就流下了感动的眼泪，没想到孩子才这么一丁点儿就知道孝顺了。

给小孩按摩对小孩的健康是毋庸置疑的，但同时这过程也是感情的交流，是爱的交流。天下的父母都为自己的孩子着想，但为什么很多的小孩却很叛逆，觉得自己的父母从来不关心自己

给孩子推拿是父母与其感情交流的最好方式

呢？是因为父母把自己的爱收藏起来，孩子根本感受不到爱。孩子的心灵是天底下最神奇的土地，种下一粒小小的种子，收获的却是未来全部的人生际遇。如果你细心地呵护他们，施以充足的阳光和雨露，每一个孩子都有可能成为一棵冲天的大树。

两三岁的小孩子似乎总是不听话，许多日常生活中的基本道理，譬如好好吃饭、好好睡觉，无论你轻言细语还是严肃地说上多少遍，他们总是不肯听，因此常常令众多的父母烦恼。其实你仔细观察就能发现，不是小孩不听话，而是做父母的不会说孩子能听懂的话。

如果家里的小孩不好好睡觉，就可以在小孩躺着要睡时一边给他补补脾经、推推心经，一边跟他说：天黑了，小朋友要睡觉了，大灰狼就喜欢找不睡觉的小朋友。这种年龄的小孩已具备一定的理解和接受能力，但这种潜在的能力只有通过适合其年龄特点的说话方式才能够被激活并得到充分发挥。借助孩子生活中熟悉的实物或动画形象，譬如小孩子都比较喜欢机器猫、咸蛋超人、皮卡丘、加菲猫、天线宝宝，讨厌毛毛虫、苍蝇、蚊子，害怕大灰狼、狗熊、刺猬等，父母依据小孩的情感倾向，有意识地经常使用这些物象与他们交流，就可以进一步强化小孩对这些物象的情感和行为反应。给小孩按摩的时候，也是很好的交流时刻，可以给小孩讲讲故事。爱听故事是小孩的天性，在他们心目中，虚构的情节也是真实的生活，而且对故事的内容深信不疑，尤其是把他变成故事中的主角时，他对自己在其中的表现就格外关注。

小儿推拿可以代替吃药

大家都知道中药有四性，寒热温平；而推拿的推拿揉掐与中药四性一样，用推拿就跟用药的道理一样。推三关，可以代替麻黄、肉桂，发汗散寒。天气转冷了，不注意给小儿添衣服，小儿受寒感冒了，别一下子就想到小儿速效感冒胶囊，应该第一反应就想到给小儿推三关，激发小儿自身的抗病能力。推三关就是推小儿前臂靠拇指那一直线，用拇指或食中指指面从腕推向肘，推到小儿手臂微微发红，小儿会微微出汗。

推六腑，就是前臂阴面靠小指那条线，用拇指面或食中指面自肘推向腕，可以代替滑石、羚羊，退热的作用非常好。我曾碰到一个发高烧的4岁小孩，测体温39度，小脸蛋烧得通红，烦躁不安，打了点滴，烧也没退下来，我就给她推六腑，推了500次，小孩明显安静下来，一量体温，37.6度。这就是小儿推拿术的神奇，立竿见影。

引天河水,顺前臂内侧正中线,自腕横纹至肘横纹呈一直线,用食、中二指腹自腕横纹推向肘横纹,效同黄芩、黄柏、连翘,清热解毒。一听天河水的名字就有一种透心凉的感觉,它的名字和作用一致,它位于小儿手臂阴面中间的那条直线,是很好记住的线性穴位。有的妇女怀孩子的时候不注意饮食,煎炸油腻从不戒口,小儿一生下来就火气很大,不是长疖子就是嗓子肿痛,哭闹不休。这种情况经常给小孩推天河水就对了。

补脾经,向手掌方向推小儿拇指面,就像吃人参、白术,大补元气,是一个很好的保健方法。大家都知道人参是保健圣品,每天给小孩补脾经就等于每天给小孩吃免费人参。脾胃有热的小孩很能吃东西,饭量大,但不见胖,反而很消瘦,吃进去的东西不吸收。而清脾经的效果跟吃灶土、石膏一样,清脾胃的热。清

小儿推拿可以代替吃药

脾经就是向指尖方向推拇指面。

侧推食指为补大肠，就像吃诃子、炮姜，温肠止泻，治疗腹泻。大多数的小孩都喜欢吃冰淇淋，喝冰可乐，父母一定要阻止，这些冷冻食物最容易伤脾胃。轻者腹泻，推推大肠经，从食指推到虎口，就手到病除。但重者积寒到一定程度，会形成下焦虚寒的体质，导致各种各样缠绵难治的胃肠病，严重影响身体发育。反之，从虎口推到食指侧线为泻大肠，效果同吃大黄、枳实，清热通便，治疗便秘。

向指尖方向推中指泻肺，功同桑皮、桔梗，宣肺清热；向手掌方向推止咳，效争五味、冬花，补肺止咳。

小指补肾，强肾益精的效果不比吃杜仲、地黄差。妇女怀孕期间呕吐厉害，不能进食，生下来的孩子大多都属于先天不足。经常推小儿小指面就可以填补肾气，弥补先天不足，增强体质，防止体弱多病。

由此可见，小儿推拿术的疗效真的很好，而且它没有药物的副作用，我们应该把它推广开来，使无数家庭受益。

小儿体质特征

小儿体质分为健康、寒、热、虚、湿五型。

健康型：这类小儿身体壮实、面色红润、精神饱满、吃饭香、大小便正常。饮食调养的原则是平补阴阳，食谱广泛，营养均衡。

寒型：身体和手脚冰凉、面色苍白、不爱活动、吃饭不香、食生冷食物就容易腹泻、大便溏稀。平时给小孩捏脊5次，按揉

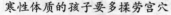劳宫穴

寒性体质的孩子要多揉劳宫穴　　　　　　按揉劳宫穴100次

劳宫穴100次——让小孩握拳，中指尖贴着的就是劳宫穴。此类小儿饮食调养的原则是温养胃脾，宜多食辛甘温之品，如羊肉、鸽肉、牛肉、鸡肉、核桃、龙眼等，忌食寒凉之品，如冰冻饮料、西瓜、冬瓜等。

热型：形体壮实、面赤唇红、不喜欢热的东西、喜欢凉的东西、口渴多饮冰水、烦躁易怒、吃东西多、大便秘结。平时给小孩推天河水200次。此类小儿易患咽喉炎，外感后易高热，饮食调养的原则是清热为主，宜多食甘淡寒凉的食物，如苦瓜、冬瓜、萝卜、绿豆、芹菜、鸭肉、梨、西瓜等。

虚型：面色萎黄、少气懒言、神疲乏力、不爱活动、汗多、胃纳差、大便溏或软。平时给小孩推五脏，脾肝心肺肾各100次，就是向手掌方向推小孩的5个手指头。此类小儿易患贫血和反复呼吸道感染，饮食调养的原则是气血双补，宜多食羊肉、鸡肉、牛肉、海参、虾蟹、木耳、核桃、桂圆等，忌食苦寒生冷食品，如苦瓜、绿豆等。

湿型：此类小儿嗜食肥甘厚腻之品，形体多肥胖、动作迟缓、大便溏烂。平时捏脊5次，推脾经、胃经和板门各200次，就是从小孩的大拇指一直推到大鱼际就对了。保健原则以健脾祛湿化痰为主，宜多食高粱、薏仁、扁豆、海带、白萝卜、鲫鱼、冬瓜、橙子等，忌食甜腻酸涩之品，如石榴、蜂蜜、大枣、糯米、冷冻饮料等。

目前，儿童肥胖率上升在全国都有出现，0～7岁儿童单纯性肥胖发病率增长了近一倍，从1996年的2.27％上升到2006年的4.05％。自古以来，一些不当的观念，例如能吃就是福、胖就是福、胖表示营养好、胖才有份量等说词，常让人们对胖嘟嘟的小孩有比较可爱、健康的印象，使像糖尿病、高血压等疾病在肥胖儿童身上埋下隐患。

有一位母亲说，她特别担心自己的宝宝会陷入肥胖的恶性循环，她说，她的宝宝才4岁半，却有32公斤，一个人抱着都很吃力，平时就喜欢吃肥肉和洋快餐，特别喜欢吃炸薯条，不带她去吃，她就像生病一样。这个孩子的体质就是很典型的湿型，我就把上述的按摩方法教给她，让她在家每天给小孩做。效果真的很明显，做了两个月，体重就从原来的32公斤变成28公斤。

其实孩子长胖了不仅对身体是一种伤害，对心理伤害更大。一些孩子因为比较胖而受到其他小朋友的歧视，使他们不愿意参加集体活动，变得自卑，心理发育肯定也会受到严重的影响。

五行五脏生克以知补母泻子

五脏在身体内有不同的职能，他们互相联系，互相依赖，互相影响。

心是一身之主宰，负责血液运行，负责神志。如果小儿惊悸不安，属心虚；小儿没有原因就流眼泪，表示心热。小儿身体瘦弱，不活动，汗自己就流出来，表示心虚；小儿身体上有肿物，表示心有热。以上各病，都应从心治。

脾负责身体元气。气弱的小儿是脾虚；气又管汗液，小儿气虚晚上睡觉就爱出汗；消瘦的小儿也是脾虚；小儿痰多，脾有湿；小儿思虑过度就伤脾。以上各病都应从脾治。

肺负责声音。小儿声音弱表示肺虚，发不出声表示有痰；肺负责皮肤，皮肤搔痒表示肺燥，没有润泽表示肺虚，皮肤不密就容易汗出。以上各病都应从肺治。

肝负责血，肝虚的小孩容易出汗和抽筋。

肾管骨、齿、耳，以上有病都应从肾治。

小孩多在脾肺内有伤，例如父母过度溺爱，老喂饮食，容易伤脾，照顾疏忽，就容易导致六淫，就是风寒暑湿燥火，侵袭肺

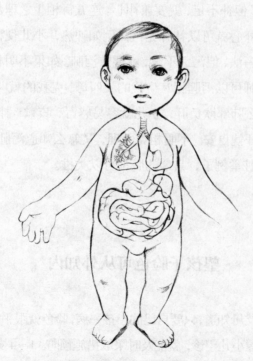

五行五脏生克以知补母泻子

脏，导致感冒、发烧、咳嗽等。

金木水火土为五行，万物以土为母，在人体上也是这样。树木庄稼都从土壤里生长出来，人身也以土为母，为什么这样说呢？脾属土，脾土为一身之母。脾胃消化食物，转化成能量，人才能生存。有脾土而后生肺金；肺金生肾水；肾水生肝木；肝木生心火；心火生脾土，这就是五脏相生的顺序。有生亦必有克，没有克的话，脏腑太旺没有制约，成为无政府状态，机体就不能正常运转。所以肝木克脾土；脾土克肾水；肾水克心火；心火克肺金；肺金克肝木，这就是五脏相克的顺序。如果不明白五脏生克的定理，运用小儿推拿法的时候就不知道补和泻的方法。实证就泻他的子，虚证就补他的母。

例如脾虚，小儿脾胃虚弱，就会消瘦，脸色萎黄，这时虽然应该用补法，但补不足，就要兼补心。连五行相生之理都不明白，怎么能知道补心就可以补脾呢？又例如脾热，小儿便秘、口臭，虽然应该用泻法，但泻之不够，就要兼泻肺。如果不明相生之理，又怎么知泻肺可以泻脾呢？生我的就叫母，克我的就叫贼邪。例如肝虚，那么肺邪欺负肝，小儿就容易感冒、咳嗽，补肝必然兼祛贼，贼去肝就自安。不明相克之理，又怎么知道泻肺可以补肝呢？用这两脏举例子，其余的脏都可以类推。

望孩子脸色可从外知内

细心的父母知道，只要自己的小孩一病，脸色就跟平常不一样。其实只要掌握小儿望诊，就能及时采取措施预防。1～4岁的小孩不能用语言准确表达自己的感受，所以观察小儿就显得尤其重要。

五脏隐藏在身体里，通过望诊就可以知道它们是不是正常地运行。那究竟怎么望呢？观察面部五官的颜色变化就可以了，青红黄白黑五色，根据五色配五脏，辨病取穴。只要你会看，就没有看不到的东西，五脏的状态全都在脸上显露出来。所以小儿病于内，必形于外，小儿身体内有病都会在面部表现出来。望小儿的形态，审视小儿的五官，就能自知其病。按病推拿，疗效很快。

　　体内有五脏，心、脾、肺、肾、肝，虽然五脏在体内不可望见，但只望五脏对应的部位就可以看出病来。舌是心之苗，红紫，表示心有热，小孩会烦躁不安；肿黑，表示心火旺极，这时就要泻心经，就是向指尖方向推小孩中指；淡白，表示身体虚弱。鼻与牙床是脾之窍，鼻红燥，表示脾热，这时就要泻脾经；鼻惨黄，表示脾虚弱；牙床红肿，表示脾胃有热；牙床破烂，表示脾胃火盛。唇是脾胃之窍，红紫，表示有热；淡白，表示脾胃虚；如果漆黑的话，就是脾胃虚极了。嘴往右边歪是有肝风；往左边歪是脾有痰。鼻孔是肺之窍，干燥，表示有肺热；流清涕，表示肺有寒气。耳与齿是肾之窍，耳鸣，肾气不和。眼睛是肝之窍，勇视而睛转者表示有肝风。

　　眼睛各部位也与五脏对应。黑珠属肝；白珠属肺，色发青，表示肝风侮肺；淡黄色，脾有积滞；老黄色，肺受湿热，为黄疸症；瞳孔属肾，无光采，又兼发黄，肾气虚；目内眦属大肠，破烂，表示肺有风；目外眦属小肠，破烂，表示心有热；上眼皮属脾，肿，脾伤了；下眼皮属胃，青色，表示胃有寒，上下皮睡合不紧，睡觉时露一线缝，表示脾胃虚极。

　　脸上五个部位也与五脏相对应。额头属心，左腮属肝，右腮属肺，唇之上属脾下属肾。五脏与六腑是表里关系，小肠是心之表，小便短黄涩痛，表示心有热；清长而利，表示心虚。胃是脾之表，唇红而吐，表示胃热；唇惨白而吐，表示胃虚；唇色平常

望孩子面色可从外知内

而吐，表示饮食伤胃了。大肠是肺之表，便秘，表示肺有火；如果肺无热而便秘，一定是血少枯竭，不可以通下；脱肛，表示肺虚。胆是肝之表，口苦表示肝旺；闻声就容易惊吓，表示肝虚。膀胱是肾之表，筋肿筋痛，抽筋，表示肾水之寒气入膀胱。

面有五色也与五脏相对应。红，病在心，面红表示心热。青，病在肝，面青表示身体上有疼痛的地方。黄，病在脾，面黄表示脾伤。白，病在肺，面白表示肺有寒气。黑，病在肾，面黑而无润泽，表示肾气虚极。如果看到小儿面色跟平常不一样，辨别脏腑虚实，没有不灵验的。

印堂在两眉头的中间。印堂色泽——就是印堂部位出现的青、红、黄、白、黑5种色纹——也很重要。印堂穴用水洗净后，细心地观察五色变化，按色诊病。

红色属心，印堂色红者，为肺受热，色紫为热甚。凡印堂有红筋红色，皆心肺之疾，根据热则清之、实则泻之、虚则补之的原则，热病宜用清法。印堂红色，应清心穴、肺穴，心经有热，不能直接清心穴，可用天河水穴代替。若色紫则为热甚，必须大清，用退大热的六腑穴，推拿到热退为止。

青色属肝，印堂色青者，表示肝风内动。肝为将军之官，可平不可补，虚则补其母，补肾即补肝。五行之中水生木，肾为肝之母，肝虚可补肾水以养肝木。

黑色属肾，印堂色黑，为风寒入肾，其色黑，病寒证。惊风必须拿列缺急救，肾寒拿之出汗，风邪即散，列缺穴能解寒火，止惊搐，用之相宜。让小孩两手虎口张开，十字交叉，食指压在所取穴位上，当食指尖端到达之处有一凹陷，即是列缺穴，在虎口往上四指。

白色属肺，肺为肾之母，印堂色白，肺有痰。天河水能清上焦之热，重推痰马上就散。

色黄者，黄色属脾，印堂色黄者，表示脾胃之症，小儿多脾胃病，饮食不节，恣食生冷必伤脾胃。若小儿腹泻，多因脏腑娇嫩、脾胃薄弱、喂养不当损伤脾胃引起，久泻脾虚，肠胃积滞，功能失调，大肠穴在食指外侧上节，推大肠一穴即愈，屡验有效。

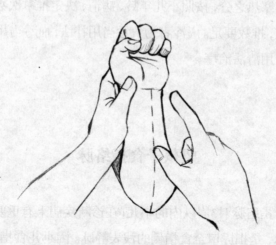

推天河水可退孩子的心热

来回推之为清补大肠，凡清之气下降，补之气上升，清补则和血顺气，利小便而止大便，故泻肚痢疾，来回多推大肠一穴，有良效。脾主运化，小儿饮食不节，无不伤脾，故腹泻加推脾穴，大指属脾经，若补必须曲指推，脾为后天之本，主运化水谷，凡脾胃病多用。曲大指向内推为补，直推向外推为泻，来回推为清补。便秘多因脾热脾燥所致，拇指伸直向外推为泻脾，火旺者泻之；大肠与肺相表里，便秘肠结乃因肺燥，肺燥大肠亦燥，必须用泻法推大肠，脾肺为母子关系，若燥，泻之立愈；肾为先天，脾为后天，相互滋生，相互促进，关系密切，治疗便秘时须兼补肾。若腹痛，腹痛之因，非寒即热。一窝风穴能治下寒腹痛，感寒腹痛揉一窝风，位于腕背横纹上，直对中指处，轻症一万次，重症数万次，痛止立愈。

鼻流清涕的孩子，是因为外感风寒，用食、中二指入鼻孔，左右旋转，名黄蜂入洞，鼻孔为肺窍，左右旋转揉之，可以发汗祛风寒。用食、中二指分开，在鼻翼两旁推揉。洗皂穴位于鼻两旁，曲食、中二指向下推，可调和五脏之气，小儿用此穴。

病有寒热之分，按照小儿年龄、病情，决定推拿次数的多少。辨病取穴，推数要足。虚冷者为气亏当用补法，血亏当用清补法；热病则当用清法治疗。

望孩子食指络脉

望食指络脉对3岁以内的小儿，在诊断疾病上有重要的意义。食指络脉，是指虎口至食指侧的浅表静脉。因小儿食指络脉为寸口脉的分支，与寸口脉同属肺经，其形色变化可反映寸口脉的变

望小儿食指络脉

化，故望指纹与诊寸口脉相同，也可诊察体内的病变。食指第一节为风关，第二节为气关，第三节为命关。家长抱小儿向光，用左手拇指和食指握住小儿食指末端，再以右手拇指在小儿虎口至食指侧的浅表静脉从指尖向指根部推擦几次，用力适中，使指纹显露，便于观察。食指络脉反映着病位的深浅：浮显，多属表证；沉隐，多属里证。鲜红，外感表证；紫红，里热证；青色，疼痛、惊风；紫黑，血络郁闭；色淡，脾虚、气血不足。同时，它也可以反映病情的轻重：重，长；轻，短；透关射甲——络脉透过三关直达指端，称为透关射甲——病多凶险，预后不佳；增粗，分支显见，实证、热证；变细，分支不显，虚证、寒证。

儿童感冒

孩子一离开娘胎就与自然接触，就是自然界的一员，他的一生必然是与自然界奋力搏斗的一生。他要与风寒暑热搏斗，要与细菌病毒搏斗，长大一点还要与七情六欲搏斗。你不可能创造一个特定的环境，让孩子与世隔绝，只能做到在他感冒后对症下药，以尽早痊愈。若是受了风寒，怕冷，就要喝姜茶，将原来入侵在肺里的寒气逼出去；若是受了风热，口渴，吐黄痰，就要吃板蓝根，清热解毒。

如果他不发高烧，最好是什么药也不要吃，靠敲经络激发小孩的抗病能力是最科学的方法。你总要给他一点时间，他打胜一仗，自己就会停的，你让他多休息，多喝一点水。如果口渴得较厉害，可以煮一点石斛水让他养阴生津。打仗总是辛苦的嘛，帮他敲肺经，敲肝经，敲心包经。老实说，孩子没有什么大病，无非是有风寒，有细菌。经常敲上面三条经，生病时一直敲，即使发烧也会好。但是当孩子有风寒要发出来时，常会有些发烧有些表症，如果我们这时人为地用药把它压制下去，造成的后果是极为可怕的。让我们的孩子勇敢地去与风寒搏斗，流鼻水，打喷嚏，发一点烧，是没有关系的，千万不要保护过头，爱之反而害之。

鸣　谢

《国医健康绝学》系列丛书自出版面世以来，受到了广大读者的热烈欢迎，很多朋友说，用过书中的一些保健方法后，身体出现了许多惊喜的变化，对于健康，有了更大的自信，而且，还有更多的朋友把这套丛书作为一份健康的真情礼物送给了自己的亲人和好友，受益者越来越多……其实，让大家更多地关注健康，而非关注疾病，这正是我们期待已久的。

在《健康时报》与新浪读书频道共同主办，中国健康教育学会协办的"2007中国十大健康好书评选活动"中，《国医健康绝学》系列丛书中的《求医不如求己》和《人体经络使用手册》荣获"2007年度中国十大健康好书"荣誉称号，《不生病的智慧》一书荣获"2007年度中国优秀健康图书"荣誉称号。

《国医健康绝学》系列丛书陆续推出以来，我们接收到了大量的信件和电话，一些读者对丛书的编辑提出了富有创造性的建议，一些读者对书中的一些问题提出了商榷，还有一些读者指出了书中存在的一些不足之处，对此，我们都一并真诚接受，并在查证、比较和权衡之后进行了合理采纳和吸收，对书中存在的不足之处及时做出了修订和改进，以期更接近读者心中的目标。但在丛书的编辑过程中，由于时间仓促、编者能力所限，书中还可能存在一些问题和不足，欢迎读者朋友继续提出宝贵意见和建议。

真心感谢广大读者长期以来的支持和厚爱，您的需求和期待是我们倾心为之奋斗的目标，您的监督和鞭策是我们成长提高的阶梯，您的支持和关注是支撑我们走下去的不竭动力。在您的注视之下，我们会走得更加稳健，我们将继续努力，争取为您奉献更多的精品健康图书。

《国医健康绝学》系列丛书编辑部

菩萨合掌求菩萨，求医不如求自己
改变中国人健康生态之第一方案

特别赠送全彩国家
标准经穴部位挂图

这是一本当代中医养生专家中里巴人所写的养生秘笈，这是一本给我们生活带来了福气的书。

在书中，医德双馨的中里巴人告诉大家：一、"养生胜于治病"，不要等到失去健康的时候才去珍惜健康；不要借口忙，就无暇顾及身体，那样你永远不会有空闲。记住：马上行动！二、"疾病不是我们的敌人"，你若想生活幸福，就要学会从容面对疾病，学会与疾病结伴而行。疾病是人生的一道必选题，同时又是最好的答案和注释，因为疾病就是命运。

命要活得长，全靠经络养
从黄帝开始，中国人代代相传的养生手法

特别赠送全彩国家
标准经穴部位挂图

这是一本介绍通过敲打经络就能预防百病的书，荟萃了从黄帝开始中国人代代相传的绝妙养生手法。它要为您送上：一、58种常见病和不明慢性病的经络穴位自疗方法；二、一学就会、一用就灵的14条经络养生方法；三、3种最有效的小儿健康推拿指南；四、使用人体经络的8种最简单技巧。

经络的神秘，随着本书一页页翻开的沙沙之声浮现在我们眼前，原来，经络是上天赐予我们人体的大药，原来，人的所有病都是"经络病"，而通过疏通经络就能使病消失无踪。

把健康亲手送给孩子是父母的最大福气
增强中国孩子体质和智力的最佳方法

特别赠送全彩儿童
经络穴位挂图

本书是萧言生继《人体经络使用手册》后为中国的父母和他们的孩子写下的又一部健康宝典。

作者认为，发育迟缓、肥胖、性早熟、弱视、遗尿、习惯性感冒、肺炎等好多让父母心急如焚的疾病都可以用经络治好。本书为您奉上如下"宝贝"：一、小儿身上的27个关键穴位，这是保证孩子健康平安的枢纽；二、8套儿童经络保健方案，让你在家中就可轻松为孩子防病；三、45种儿童常见疾病的经络推拿治疗手法，无任何副作用，最科学，最人道。

⮞⮞ 国医健康绝学系列四 ⮜⮜

从黄帝开始，中国人百试百灵的养生手法

疾病有来路，一定有归途

本书为您献上：一、5种绿色护生方案，其中精采的15个保元真穴，带你春保肝，夏养心，秋护肺，冬补肾；二、逐步根除身体上各种不适症状的15种五脏宁穴位平衡法，让你五脏和谐，人体长青；三、27种女福大穴，悉心呵护女性乳腺、生殖系统，让她们的身体年年春暖花开；四、12种穴位易容法，由内滋外，让不同年龄段的女性都能容颜明净天然；五、17种救生穴位法，将各类疑难杂症一一予以化解；六、最易于父母掌握的5种儿童穴位疗法，可让孩子远离疾病。

《特效穴位使用手册》

特别赠送全彩国家
标准经穴部位挂图

⮞⮞ 国医健康绝学系列五 ⮜⮜

为自己健康开光，让生命万寿无疆

从根子上祛除中国人身体内的疑难杂症

本书凝聚了作者十几年独创的各种不生病的方法和治疗众多疑难杂症的奇效良方。书里告诉我们：一、健康从补血开始，补血从食疗和刺激经络开始；二、分清食物的温热寒凉平是补血的关键；三、9种可以自己制作的补血佳品、3种择食法、4条经络疗法，能很快让你根治自己和亲人迁延不愈的心病和身病；四、摸第二掌骨，看舌苔和手相，这是最简单、最快捷、最可靠的自我诊断法。把书中讲到的每一种方法坚持下去，天天健康就是一件轻而易举的事。

《不生病的智慧》

特别赠送全彩国家
标准经穴部位挂图

⮞⮞ 国医健康绝学系列六 ⮜⮜

菩萨合掌求菩萨，求医不如求自己

奠定中国人健康基石的最终方案

自中里巴人推出中医健康养生秘笈《求医不如求己》后，在广大老百姓中引起了强烈共鸣。

应读者的迫切要求，中里巴人又及时为大家奉上了《求医不如求己2》，在本书中，他根据人体五脏六腑和经络、天地的神秘因缘，结合《黄帝内经》之养生精髓以及个人的高超医术，总结出了一套适合不同体质、不同年龄人的"一招致胜"特效保健大法，让人人都会使用，并在使用中逐步根除各种疾病，消弭对年老的恐惧，尽享"求医不如求己"的幸福和巨大乐趣。

《求医不如求己2》

特别赠送全彩国家标准经穴
部位挂图、足部反射区挂图

一猫一菩提新作重磅出击
每一位女性都应该享受的幸福生活方式

《天下最美是素颜》

九大养颜真法，让您天天活色生香！

女人如何才能拥有完美无缺的生活？在本书中，猫就把十年来总结出来的通往幸福之路的生活理念——素颜奉献给大家：

所谓养颜，就是养的素颜；所谓素颜，就是使我们的容貌、肌肤质本洁来还洁去；所谓质本洁来还洁去，皆因我们的身心来自神赐，我们唯一要做的就是努力祛除我们身心的烟火气、工匠气、脂粉气，让时光回转，风吹草低，美丽自现！

素颜绝对是一种可以让姐妹们轻松应对生存困境、兼顾家庭与事业的幸福心经哦。您在抛弃名牌护肤品，亲手制作各种专为自己量身打造的从头到脚的养颜品，外表每天美丽一点点的同时，会发现自己的生活也被经营得有滋有味，您已经成为了一位懂得享受生活之美的幸福达人。

· ·

细节决定女人的美丽
对身体的态度，决定女人一生的幸福

《从头到脚要美丽》

女人对自己身体的用心程度，不仅折射出她的人生态度，更能够决定她的一生。

在用心呵护好自己身体每个部位的过程中，女人渐渐地认识自己的身体，发现自己的优势所在，慢慢变得自信；而这种自信却可以成为一生的资本，为女人赢得美好的生活、美丽的人生！

从皮肤的娇嫩、脸颊的圆润、脸色的红润、头发的光泽、手脚的细嫩，到姿态的挺拔、精神的圆满，再细到每一个脏腑，每一根神经，每一个穴位，甚至每一个毛孔……细节决定女人的美丽。